JEANNINE DESRIEUX

LE CROCHET

sans façon

EDITIONS S.A.E.P.
INGERSHEIM 68000 COLMAR

Ce sera la chaleur d'un couvre-lit blanc à l'image de ceux des bonnes maisons de jadis. Ce sera le moelleux d'un

châle qui réchauffe le cœur quand tout, autour, est frileux. Ce sera en tout cas un ouvrage au crochet : le plus humble ou le plus savant, le plus travaillé ou le plus enfantin. Le crochet est ainsi capable de s'arranger de toutes les possibilités et de se glisser entre toutes les mains, des novices comme des expertes. D'ailleurs, son histoire lui ressemble. On ne sait au juste si c'est une

Péruvienne, une Chinoise, une Tunisienne, une Egyptienne ou une Danoise qui, la première, eut le trait de génie de faire danser un fil au bout de son crochet. Le premier ouvrage vraiment daté remonte à la fin du Moyen Age. Ce furent d'abord les nonnes des couvents qui en apprirent les rudiments puis les subtilités aux jeunes filles de bonnes familles. Il devint alors le passe-temps favori des dames en Italie d'abord, puis en Espagne et en France. C'est la Révolution Française qui exportera le crochet.

L'Histoire a des conséquences insoupçonnées... Les familles nobles, en

s'exilant, emportèrent avec elles le petit outil et sa technique. Ainsi le crochet entra en Irlande, en Angleterre et dans les pays nordiques. Au cours des siècles il a suivi les modes. Au XVIIe siècle on lui donnait des allures d'ouvrage à l'Indienne, très en vogue à l'époque. Les techniques se transformèrent. Du tambour on passa au crochet en l'air.

Mais c'est dans l'Irlande du XIXe siècle qu'il connut un essor prodigieux. Il devint une industrie grâce à une mère supérieure qui eut une bonne idée. La famine frappant, il fallait trouver des idées et des solutions. Elle chargea ses nonnes d'enseigner la belle

technique aux femmes du peuple. Ainsi elles travaillèrent à domicile. Le crochet s'exporte alors partout. On en raffole. On se l'arrache, spécialement en Angleterre. A l'époque Victorienne, il connaît une incroyable popularité. On crochette toutes sortes de vêtements, mais aussi mille babioles pour la maison.

Jusque-là, ce savoir se transmettait de main à oreille et voilà que des patrons sont imprimés. On explique la technique à des femmes qui savent lire et écrire. Mme de la Blanchardière, qui a enseigné son art à la famille royale et édité une revue « The needdle » y contribue activement.

Doucement le crochet cesse d'être une industrie et redevient un hobby. Une passion à explorer dans l'infinité de ses combinaisons. Ce livre en est le témoin. Une véritable encyclopédie à mettre entre toutes les mains. Débutantes et expertes y trouveront leur bonheur. Chaque point est expliqué par des dessins parfaitement

clairs. Si les rudiments sont exposés, les jacquards, les guipures d'Irlande, le travail en rond et mille autre subtilités le sont aussi. Quatorze chapitres en tout et, pour chacun, un ouvrage à réaliser. Ce livre espère vous ouvrir des horizons. C'est une fenêtre

ouverte sur un passé glorieux mais aussi sur le futur et l'imagination. Une sorte de symbole d'expression libre et maîtrisée.

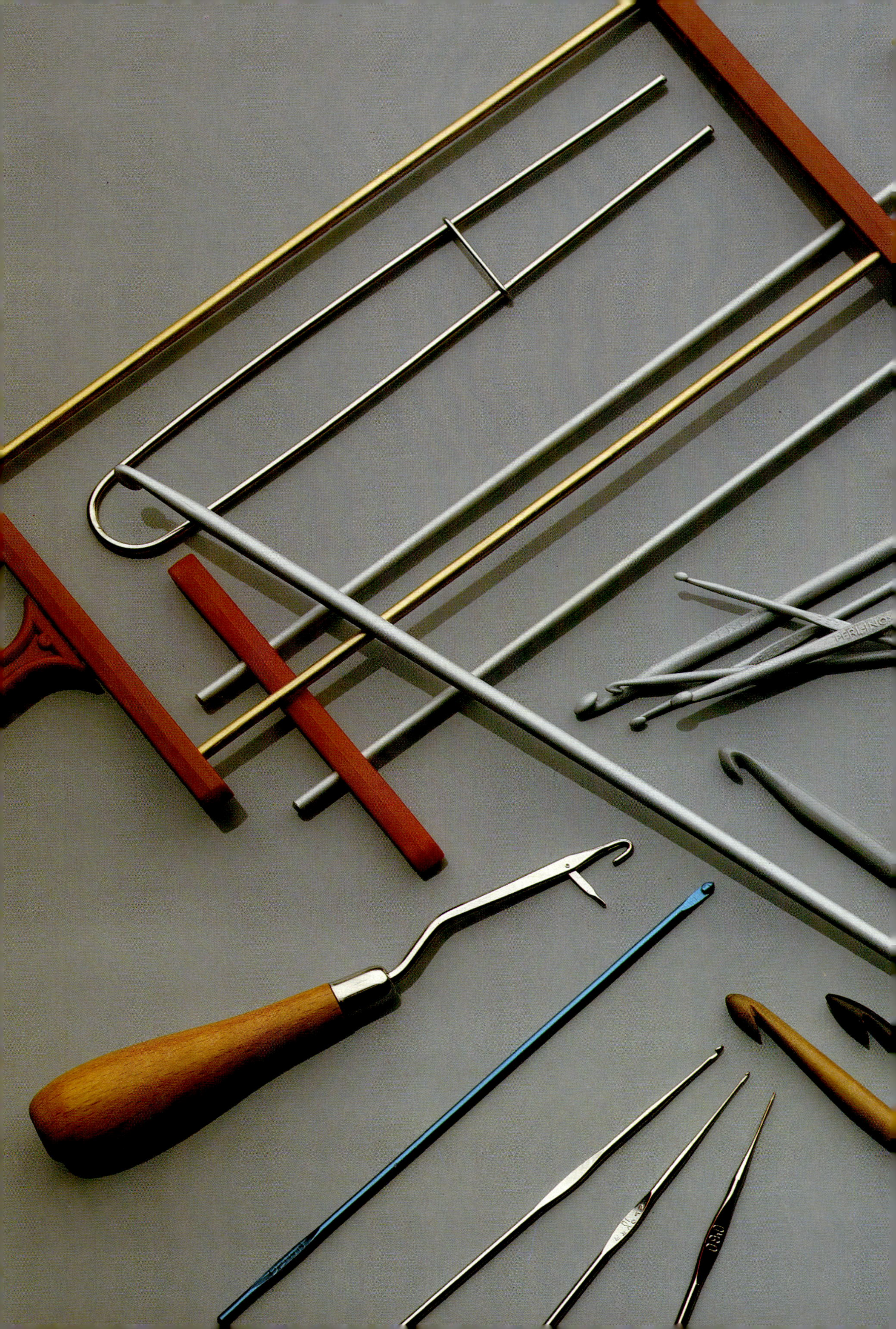
PERLINOX

Petit lexique du crochet

Augmentation. Se dit d'une maille ajoutée en bout de rang ou en cours d'exécution d'un rang.

Boucle. « Tirez une boucle », c'est la maille formée par un jeté sur le crochet passé et tiré au travers d'une maille pour former une autre maille.

Brin. Arrière : partie supérieure d'une maille se trouvant derrière quand vous tenez l'ouvrage horizontalement.
Avant : partie supérieure de la même maille se trouvant devant quand vous tenez l'ouvrage.

Chainette. Assemblage de mailles en l'air travaillées verticalement et formant une chaîne. C'est la base de tout ouvrage au crochet.

Couler ou tirer une maille. C'est tirer une boucle au travers d'une maille de base.

Diminution. Se dit d'une ou plusieurs mailles supprimées en bout de rang ou en cours de rang.

Jeté. Fil lancé d'arrière en avant par-dessus le crochet après ou avant de piquer dans une maille.

Lever une boucle. Boucle que vous tirez sans faire de jeté préalable et que vous gardez sur le crochet. Cela concerne surtout le crochet tunisien ou tous les points boules : ananas, mouchets.

Picot. Léger feston ou nœud, en mailles chaînette, utilisé pour les dentelles, les bordures, la guipure d'Irlande.

Tourner. En fin de rang, faites pivoter l'ouvrage de droite à gauche d'un demi-tour.

Tous les points de crochet sont faits de boucles qui s'entrelacent. Le premier point par lequel débute un ouvrage est la maille en l'air qui sert à former la chaînette de base. La façon de tenir le crochet peut être personnelle, cependant quelques règles sont à observer et varient légèrement selon que vous êtes droitière ou gauchère. Dans tous les cas, il faut tenir le crochet d'une main, la droite pour les droitières ou la gauche pour les gauchères, et tendre le fil sur l'index de la main opposée en gardant au fil une tension régulière.

Les fils

Tous les fils ou presque peuvent se travailler au crochet, du plus fin au plus épais : cotons et laines de toutes sortes, lin, fil d'Écosse pour dentelle, ficelle, cuir en lanières, raphia, métal et fibres synthétiques. Vous devez les choisir en fonction de la destination de l'ouvrage et les travailler avec un crochet de grosseur appropriée, bien que certains fils très fins puissent être travaillés avec un gros crochet pour obtenir un effet très aéré.

Les cotons et les fils à dentelle

Les fils et les cotons vendus dans le commerce sont souvent mercerisés, ce qui leur donne en plus de la solidité un aspect brillant et soyeux.
L'appellation grand teint vous assure la stabilité du coloris même après de nombreux lavages. En principe, l'épaisseur du fil et le nombre des brins qui le composent (2, 4 ou 6 brins) sont indiqués sur l'étiquette. Plus le numéro est important, plus le brin est fin. Certains de ces fils sont vendus en écheveaux, mettez-les en pelote avant de les travailler afin qu'ils ne s'emmêlent pas.
Le numéro du crochet à utiliser est indiqué sur chaque pelote, mais selon votre façon de crocheter, serrée ou lâche, vous choisirez un numéro supérieur ou inférieur à celui indiqué. Pour cette raison, faites toujours un échantillon de quelques centimètres avant de commencer la réalisation de votre ouvrage.

Les crochets

Ils sont de grosseurs variées et fabriqués dans différents matériaux : métal (pour tous les crochets à dentelle moyens ou fins), plastique, bois. Ils sont plus ou moins longs : une de leur extrémité est dotée d'un bec qui doit être bien recourbé et lisse pour ne pas accrocher le fil. Leur numérotage correspond à celui des aiguilles à tricoter : plus le numéro est important, plus le crochet est gros. Les crochets à dentelle peuvent varier de numérotation selon leur provenance, française ou étrangère.

Les crochets tunisiens

Nécessaires pour la réalisation de la technique du même nom, ils sont à un ou deux becs, un à chaque extrémité, pour permettre le travail avec deux fils différents. D'un diamètre uniforme, ils sont beaucoup plus longs que les crochets ordinaires, toutes les mailles de l'ouvrage restant sur le crochet à l'aller de chaque rang. L'extrémité opposée au bec est ornée d'une garde pour éviter que les mailles s'échappent ; pour le crochet à deux pointes, utilisez un protège-pointe d'aiguille à tricoter.

La fourche

Cet instrument, qui est utilisé pour une variante de dentelle au crochet, existe en plusieurs largeurs d'écartement de branches. Il est presque toujours métallique pour ne pas subir de déformation.

Le travail en rangs

S'exécute sur une chaînette de base dont la longueur correspond à la largeur de l'ouvrage et dont le nombre de mailles doit toujours être divisible par celui des motifs à réaliser, avec quelques mailles supplémentaires correspondant à la hauteur d'un premier point du rang supérieur : 1 maille en l'air pour 1 maille serrée, 2 mailles en l'air pour 1 demi-bride, etc. Pour des points comportant des mailles sautées sur un rang, ces mailles sont obligatoirement remontées au rang suivant pour en avoir toujours le même nombre. En principe, les points de crochet se font en aller et retour en tournant l'ouvrage à chaque rang. Cependant certains points demandent un travail fait uniquement sur l'endroit, il faut donc casser le fil à chaque fin de rang sur la gauche, pour reprendre le rang suivant sur la droite. D'autres points s'exécutent aussi bien en aller et retour que sur l'endroit (ceci est toujours indiqué dans les explications). Sauf indication, un premier rang se fait toujours à l'endroit. Le rang terminé, retournez l'ouvrage et faites-en un deuxième sur la base du premier en n'omettant jamais les mailles en l'air pour tourner. Pensez aussi à toujours travailler les premières et dernières mailles du rang pour obtenir des lisières bien rectilignes. Si le travail comporte des jours ou des arceaux, n'oubliez pas d'ajouter au nombre de mailles en l'air du premier rang celles nécessaires pour tourner.
Si vous avez un point complexe à réaliser sur plusieurs rangs, marquez le départ de chaque rang avec une bague (ou bien un fil de couleur) et utilisez un compte-fil.
Le travail en rond fait l'objet d'un chapitre page 62.

Les points fantaisie

Ils sont très divers : opaques, à jours, en coquilles, etc. Nous les classons d'après leur structure et vous en donnons quelques exemples, mais la diversité des points est infinie. En jouant avec les points de base et en laissant libre cours à votre créativité, inventez-en d'autres.

Conseils aux débutantes

Si vous apprenez à crocheter, ne commencez pas un travail trop fin, faites vos essais avec un crochet nº 3 1/2 ou 4 et une laine de grosseur moyenne, ou mieux, un coton à tricoter assez rond qui vous permettra de bien voir les points que vous réalisez. Faites des échantillons et lorsque ceux-ci sont concluants, choisissez les laines et le crochet qui conviendront aux explications que vous devez suivre.
En plus des différents crochets, un petit matériel est utile. C'est celui utilisé en couture : petits ciseaux, mètre-ruban ou mètre de couturière, aiguilles à tapisserie (à bout rond) de plusieurs grosseurs, épingles anglaises à boule et épingles à tête ronde, des bagues et un compte-rang pour les repères, des bobinettes pour réaliser le crochet jacquard, un petit carnet et un crayon pour vos notes utiles à la réalisation du travail.

LES ABREVIATIONS

augm. = augmentation ou augmenter
B. = bride
B. fant. = bride fantaisie
cont. = continuer
d.b. = demi-bride
D.B. = double bride
dble = double
dern.= dernier ou dernière
dim.= diminution ou diminuer
ds = dans
ens. = ensemble
f. = fois
ferm. = fermer ou fermé
m. = maille
m.c. = maille coulée
m.l. = maille en l'air
m.s. = maille serrée
(X)= répéter les explications données entre les 2 (X) autant de fois qu'il est indiqué
pr = pour
prem.= premier ou première
Q.B. = quadruple bride
r. = rang
suiv. = suivant ou suivante
T.B. = triple bride
term. = terminer
tt = tout

les Points de Base

Vous êtes novice, il vous faut donc apprendre les points de base et savoir les différencier avant de vous attaquer à un ouvrage.
Saisissez votre crochet de la main droite en le prenant comme un crayon, la pointe tournée vers le bas, tenez votre fil de la main gauche et suivez attentivement nos explications et les croquis correspondants.

PREMIERE BOUCLE

Première version

1 Faites un nœud, passez le crochet dans la boucle.
2 Tirez sur le fil pour serrer le nœud, 1 jeté.
3 Passez le jeté au travers de la boucle et formez un nouveau jeté pour préparer une nouvelle maille.

Deuxième version

4 Entourez le fil sur le crochet, tirez sur le petit brin ; avec le fil de la pelote faites 1 jeté.
5 Passez le jeté au travers de la boucle qui est sur le crochet pour une première maille et faites 1 jeté pour préparer la deuxième maille.

CHAINETTE

6 Faites 1 jeté, passez-le au travers de la boucle qui est sur le crochet. Faites ainsi autant de mailles chaînette que nécessaire. Chaque maille ainsi formée est une maille en l'air.

CHAINETTE DOUBLE

7 Crochetez 2 m.l., piquez le crochet dans la 1re de ces m., 1 jeté, tirez pour ramener une boucle, 1 jeté, passez-le au travers des 2 boucles qui sont sur le crochet.

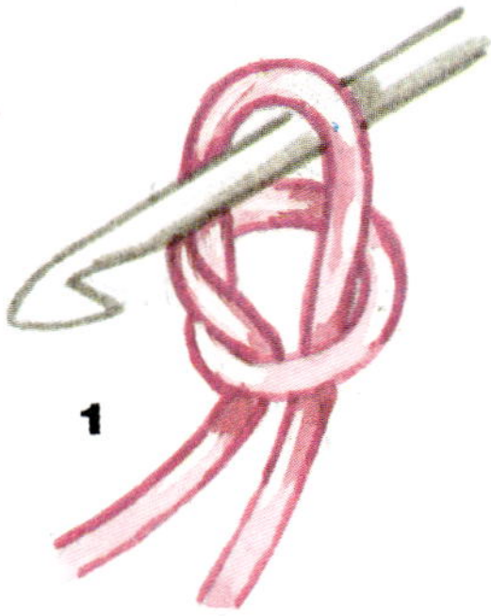
1

2

3

4

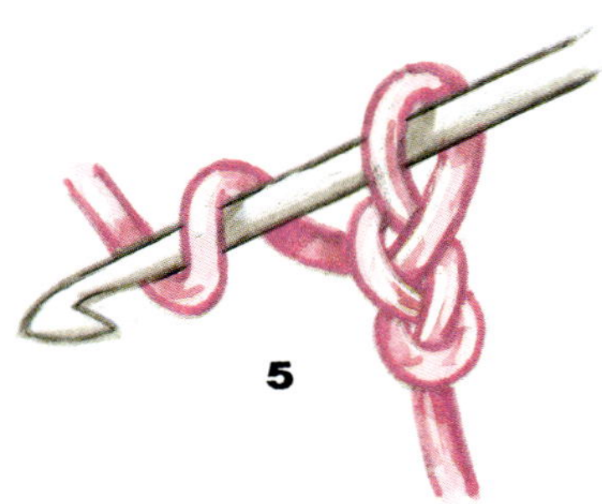
5

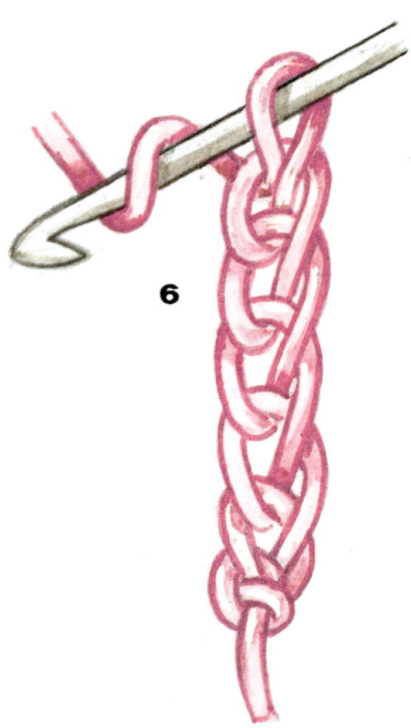
6

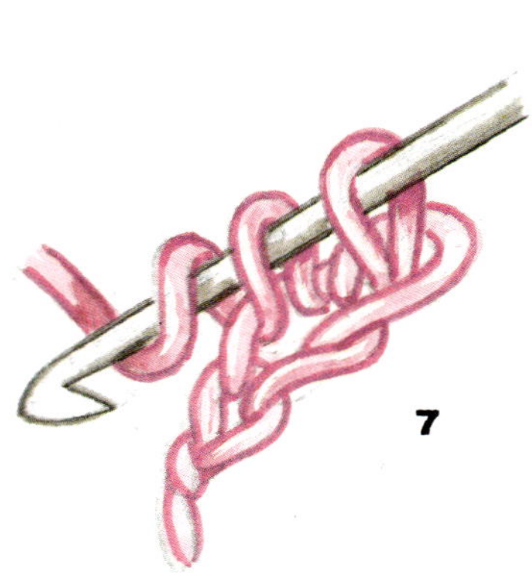
7

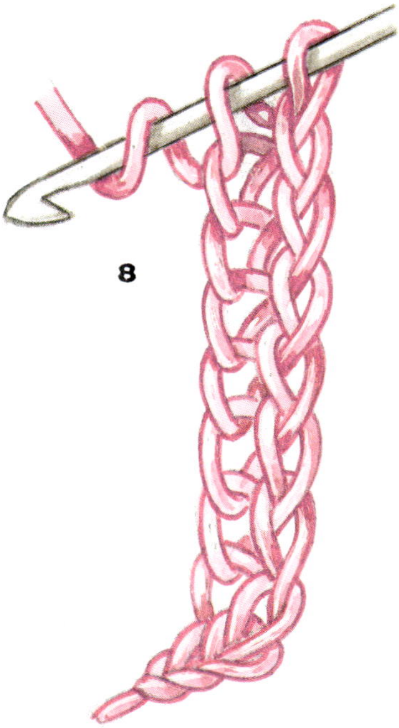

8

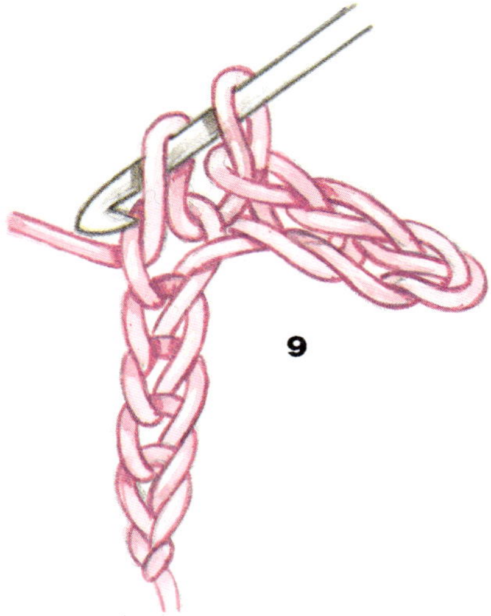

9

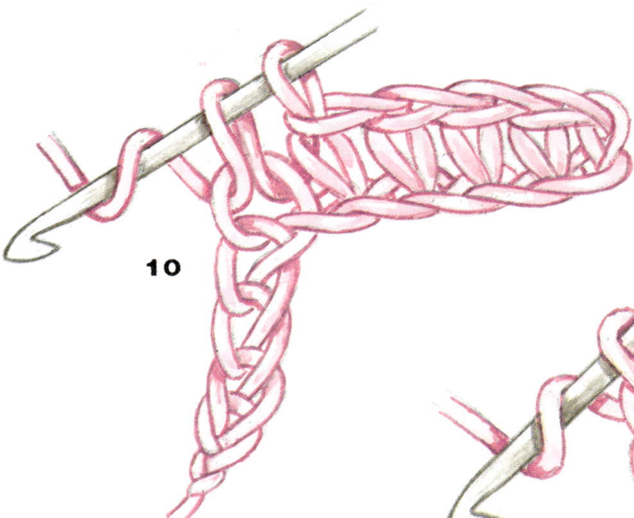

10

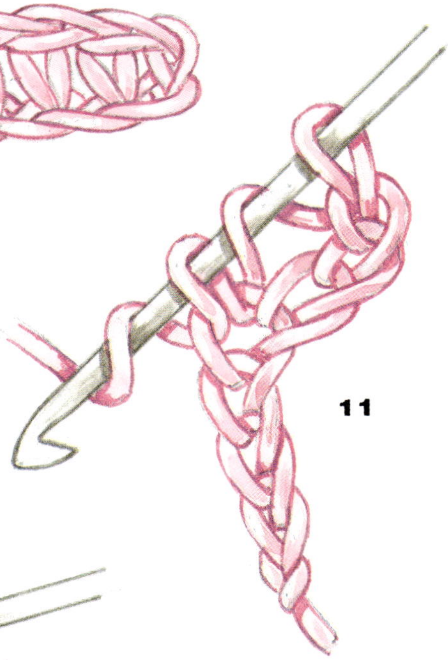

11

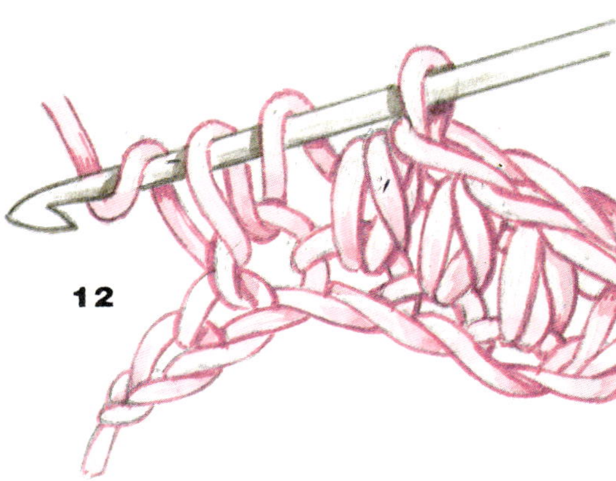

12

8 Piquez le crochet dans le brin gauche de la maille que l'on vient de crocheter, 1 jeté, tirez pour ramener une boucle, 1 jeté, passez-le au travers des 2 boucles qui sont sur le crochet.
Cette chaînette très robuste donnera plus de solidité au départ de vos ouvrages.

MAILLE COULÉE

9 Piquez le crochet dans une m., 1 jeté, tirez pour ramener une boucle que l'on passe au travers de la maille qui est sur le crochet.
Les mailles coulées en continuation donnent une nouvelle chaînette.
Elles sont à utiliser pour les diminutions et parfois pour les terminaisons d'ouvrages.

MAILLE SERRÉE

10 Piquez le crochet dans une maille, 1 jeté, tirez pour ramener une boucle, 1 jeté, passez-le au travers des 2 boucles qui sont sur le crochet.

DEMI-BRIDE

11/12 Faites 1 jeté, piquez le crochet dans une maille, 1 jeté, tirez pour ramener une boucle, 1 jeté, passez-le au travers des 3 boucles qui sont sur le crochet.

1

2

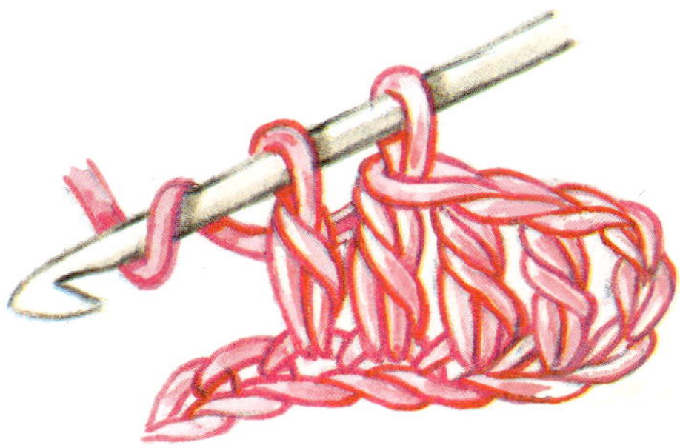

3

4

5

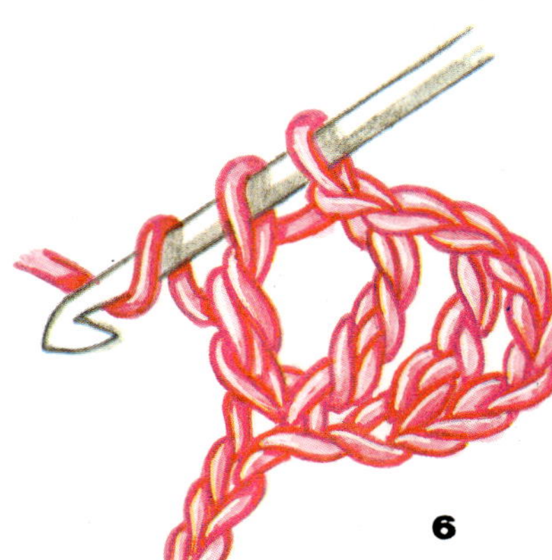

6

BRIDE

1 Faites 1 jeté.
2 Piquez le crochet dans une m., 1 jeté, tirez pour ramener une boucle, 1 jeté.
3 Passez le jeté au travers des 2 premières boucles, 1 jeté. Passez le jeté au travers des 2 boucles restantes.

BRIDE FANTAISIE

4 Faites 1 jeté.
5 Piquez le crochet dans une m., 1 jeté, tirez pour ramener une boucle, 1 jeté, passez-le au travers de la première boucle qui est sur le crochet, 1 jeté.
6 Passez le jeté au travers des 2 boucles suivantes, 1 jeté, passez-le au travers des 2 boucles restantes.

7

8

9

10

DOUBLE BRIDE

7 Faites 2 jetés, piquez le crochet dans 1 m., 1 jeté, tirez pour ramener une boucle, 1 jeté.

8 Passez le jeté au travers des 2 premières boucles qui sont sur le crochet, 1 jeté, passez-le au travers des 2 boucles suivantes, 1 jeté, passez-le au travers des 2 dernières boucles.

TRIPLE BRIDE

9 Faites 3 jetés, piquez le crochet dans 1 m., 1 jeté, tirez pour ramener une boucle, 1 jeté.

10 Passez le jeté au travers des 2 premières boucles, 1 jeté, passez-le au travers des 2 boucles suivantes, 1 jeté, passez-le au travers des 2 boucles suivantes, 1 jeté, passez-le au travers des 2 dernières boucles.

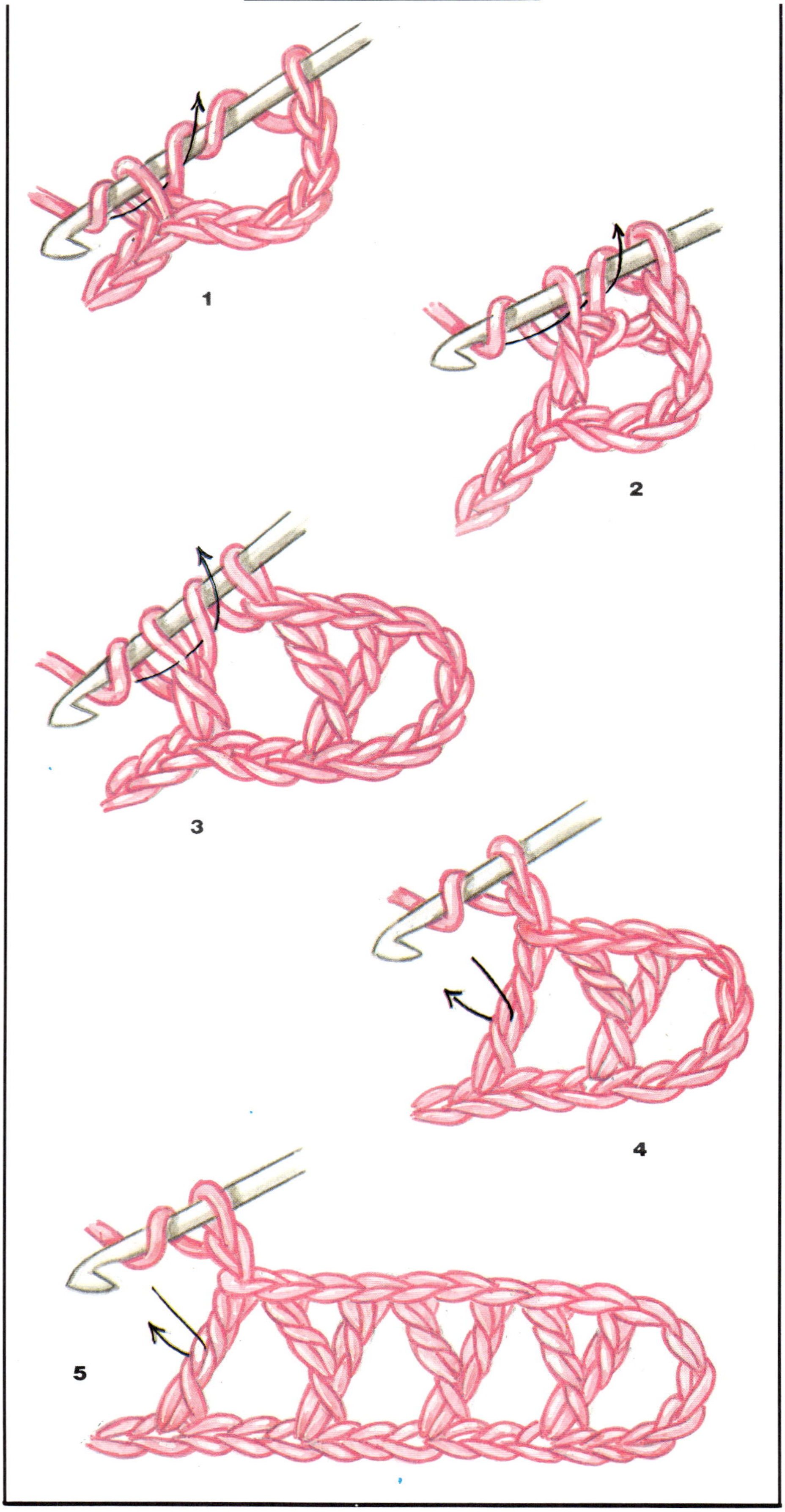

BRIDES CROISÉES EN Y

1 Faites 2 jetés, piquez le crochet dans 1 m., 1 jeté, tirez 1 boucle, 1 jeté, passez-le au travers des 2 premières boucles.
2 Terminez la D.B., 1 m.l., 1 jeté, piquez au milieu de la D.B., 1 jeté, tirez 1 boucle, 1 jeté et terminez la B.
3 Sautez 2 m., 1 D.B. dans la m. suivante.
4 1 m.l. et crochetez 1 B. au milieu de la D.B.
5 Continuez sur toute la longueur.

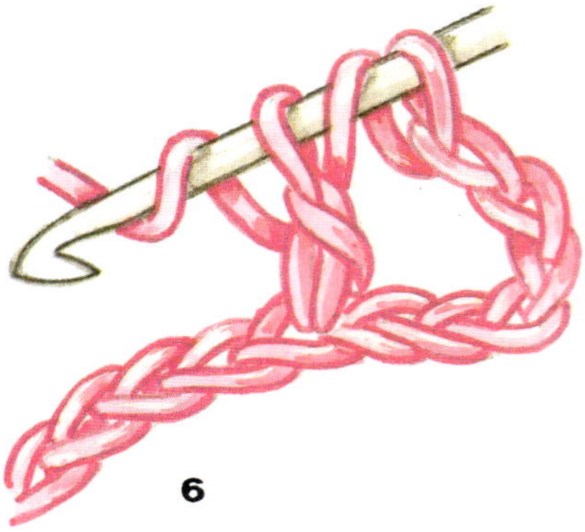

6

7

8

9

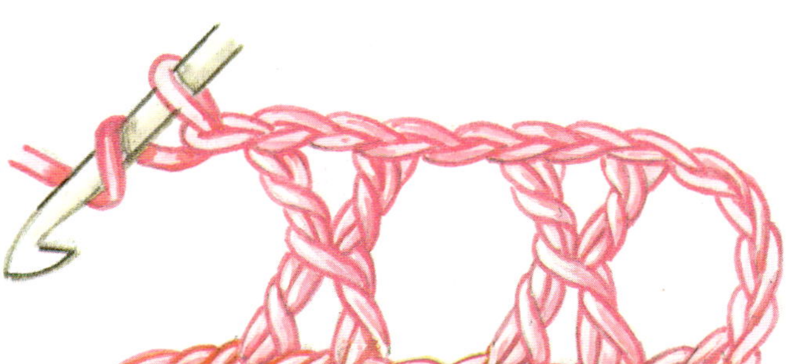

10

BRIDES CROISÉES EN X

6 Faites 2 jetés, piquez le crochet dans 1 m., 1 jeté, tirez une boucle, 1 jeté, passez-le au travers des 2 premières boucles, 1 jeté.
7 Sautez 1 m., piquez le crochet dans la m. suivante, 1 jeté, tirez une boucle, 1 jeté.
8 Passez le jeté au travers des 2 premières boucles, 1 jeté, passez-le au travers des 2 boucles suivantes (on obtient 2 B. fermées ensemble), 1 jeté.
9 Passez le jeté au travers des 2 boucles suivantes, 1 jeté, passez-le au travers des 2 boucles restantes, 1 m.l. et 1 B. au sommet des 2 B. fermées ensemble.
10 Faites 1 m.l., sautez 1 m. et reprenez au début du travail.

- La chaînette doit toujours être crochetée souplement et vous ne devez jamais tenir compte du nœud coulant de la première boucle (pour une chaînette de 6 m. faites un nœud puis 6 m.l.).

- Le crochet est piqué le plus souvent sous les deux brins de la chaînette horizontale que l'on appelle également maille de tête. On ne piquera dans le brin arrière que pour dessiner une ligne horizontale délimitant les deux rangs ou dans le brin avant pour obtenir un travail plus souple.

- Le point le plus important, les lisières.

Elles doivent être bien verticales, c'est primordial pour la bonne réussite de l'ouvrage. Si votre travail part en biais en s'agrandissant ou se rétrécissant c'est que vous piquez mal votre crochet soit au départ, soit à la fin du rang. Avant de commencer, faites un échantillon et étudiez bien la façon de procéder afin de ne pas vous trouver devant un ouvrage déformé.

DEUX BRIDES FERMÉES ENSEMBLE

1 Faites 1 jeté, piquez le crochet dans 1 m., 1 jeté, tirez pour ramener une boucle, 1 jeté, passez-le au travers des 2 premières boucles qui sont sur le crochet (on obtient 1 B. ouverte), 1 jeté.
2 Piquez le crochet dans la m. suivante, 1 jeté, tirez pour ramener une boucle, 1 jeté.
3 Passez le jeté au travers des 2 premières boucles (on obtient une 2e B. ouverte), 1 jeté, passez-le ensuite au travers des 3 boucles, ceci pour fermer les 2 B. ensemble.
4 Faites 1 m.l. et reprenez au début du travail.

DEUX DOUBLES BRIDES FERMÉES ENSEMBLE

5 2 jetés, piquez le crochet dans une maille, 1 jeté, tirez pour ramener une boucle, 1 jeté, passez-le au travers des 2 premières boucles, 1 jeté, passez-le au travers des 2 boucles suivantes (on obtient 1 D.B. ouverte).
6 Faites 2 jetés, piquez le crochet dans la maille suivante, 1 jeté, tirez pour ramener une boucle, 1 jeté. ▶

1

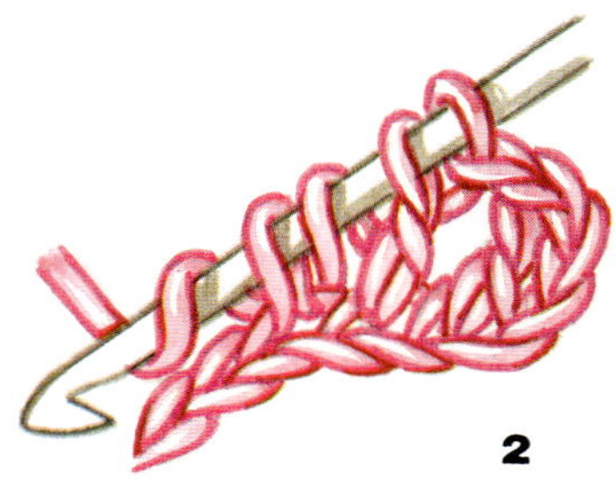
2

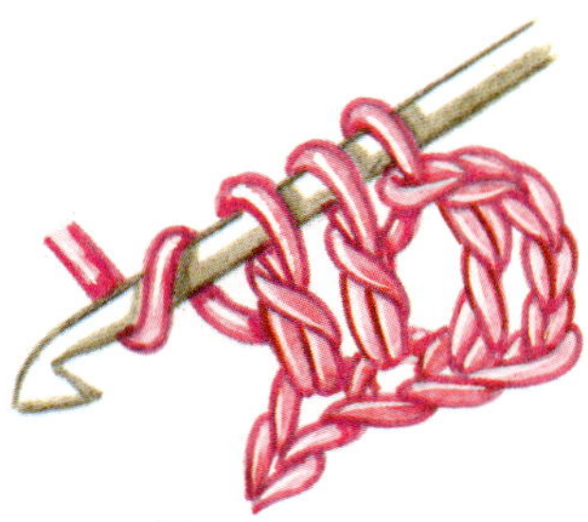
3

4

5

6

7

8

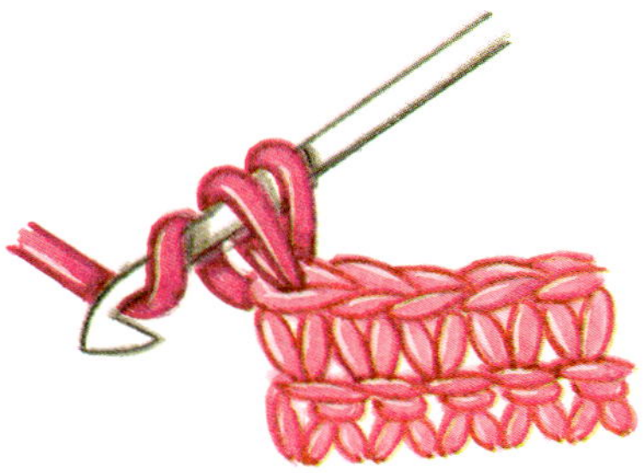

9

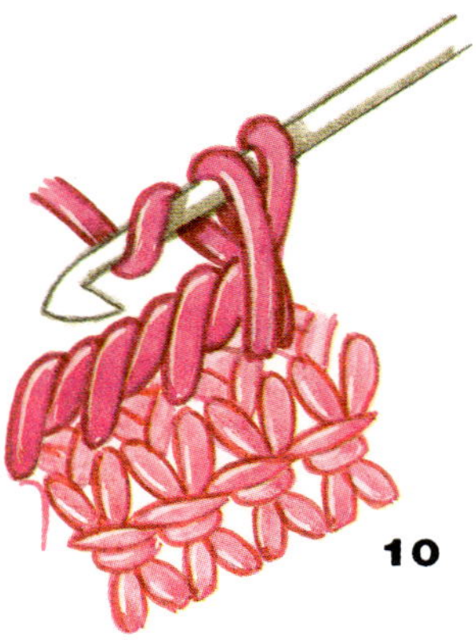

10

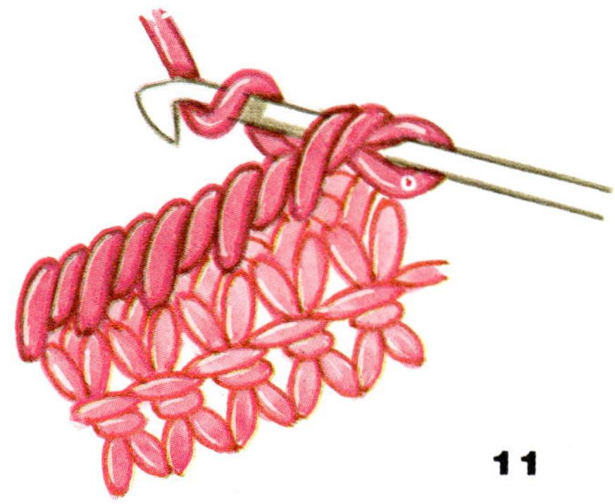

11

7 Passez le jeté au travers des 2 premières boucles, 1 jeté, passez-le au travers des 2 boucles suivantes (on obtient une 2e D.B. ouverte), 1 jeté.
8 Passez le jeté au travers des 3 boucles, ceci pour fermer les 2 D.B. ensemble. Faites 1 m.l. et continuez le travail.
Pour fermer ensemble 3, 4 ou 5 B. ou D.B., procédez de la même façon en crochetant 3, 4 ou 5 B. ou D.B. ouvertes que vous fermerez ensemble.

POINT D'ECREVISSE

Travaillez en m.s. de gauche à droite soit à reculons comme une écrevisse d'où son nom.
9 Piquez le crochet dans la 1re m. de gauche, (X) 1 jeté, tirez pour ramener une boucle, 1 jeté.
10 /11 Passez le jeté au travers des 2 boucles. Piquez le crochet dans la m. se trouvant à droite, reprenez à (X).
Ce point est surtout utilisé en bordure.

Ce qu'il faut faire

Au début de chaque rang, il faut crocheter une ou plusieurs mailles en l'air pour amener le fil au niveau supérieur du rang que l'on va commencer. Cette chaînette remplacera la première maille, sa hauteur sera donc déterminée par celle du point.
Maille serrée : 1 m.l., tournez et piquez dans la 1re m.
Demi-bride : 2 m.l., tournez et piquez dans la 2e m.
Bride : 3 m.l., tournez et piquez dans la 2e m.
Double-bride : 4 m.l., tournez et piquez dans la 2e m.
Triple-bride : 5 m.l., tournez et piquez dans la 2e m.
A la fin des rangs, la dernière m. sera crochetée dans la dernière des m.l. de départ du rang précédent.

LES AUGMENTATIONS

Toutes les pièces d'un ouvrage au crochet ne sont pas toujours semblables et bien rectilignes. Certaines comportent des diminutions ou des augmentations, c'est ce qu'en cours de réalisation on appelle le façonnage. Pour des pièces similaires (manches par exemple) ces augmentations ou diminutions doivent être placées absolument aux mêmes endroits. Si vous êtes débutante en cette technique, il est conseillé de marquer d'un fil de couleur leur emplacement. Il vous sera facile de les repérer pour l'exécution du second morceau. N'oubliez pas de les inverser lorsqu'il s'agit d'un côté droit ou d'un côté gauche. De cette régularité dépend la bonne marche de votre travail.

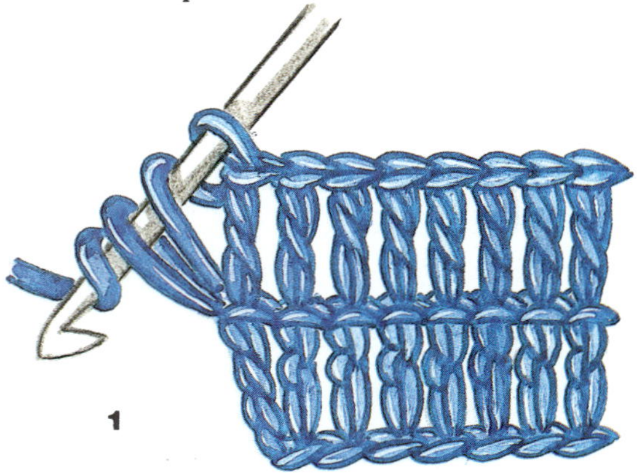

1

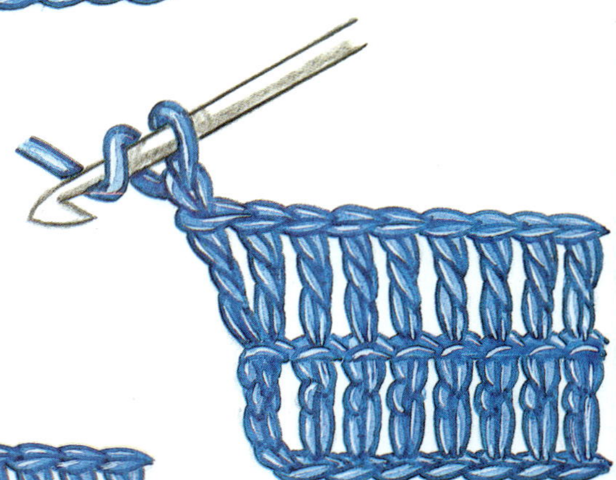

2

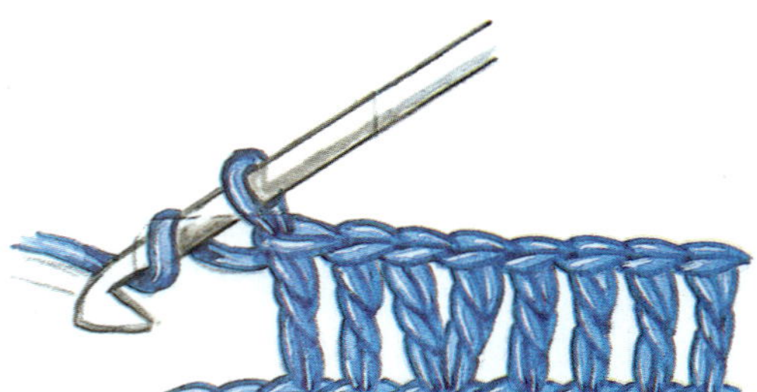

3

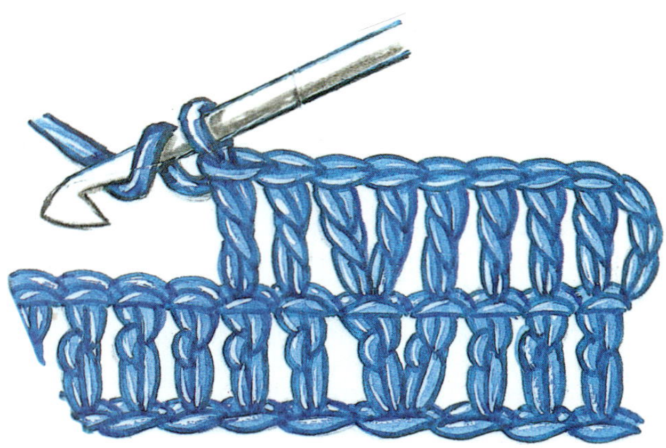

4

AUGMENTATION D'UNE MAILLE

1 / 2 En fin de rang : crochetez deux points dans la dernière maille. Cette même augmentation peut se faire aussi en début de rang en crochetant deux fois dans la première maille.

3 En cours de rang : crochetez deux fois dans la même maille.

4 En cours de rang et sur plusieurs rangs : en principe les augmentations doivent correspondre. Marquez d'un fil celle déjà réalisée pour faire l'augmentation bien au-dessus de la précédente.

LES AUGMENTATIONS

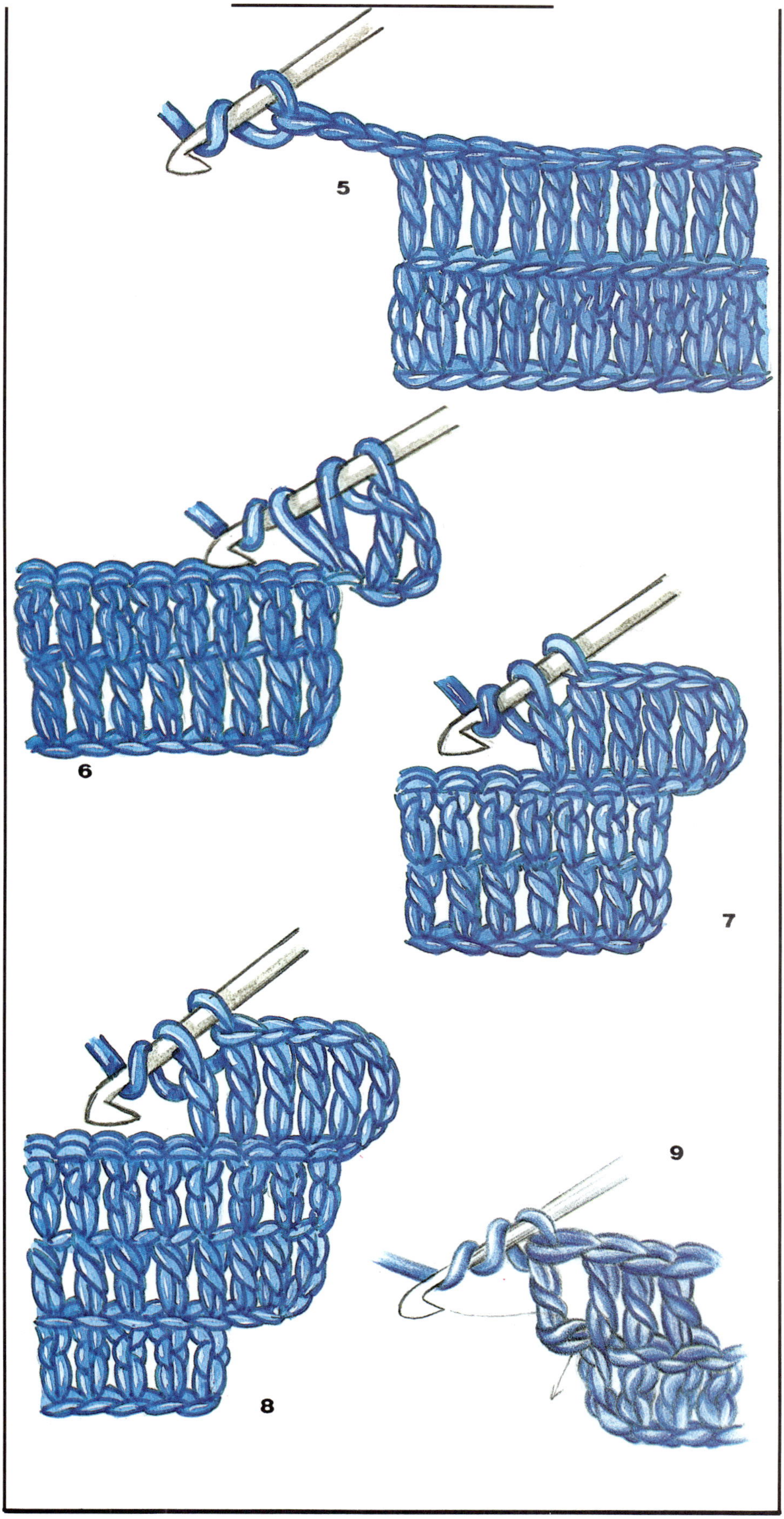

AUGMENTATION DE PLUSIEURS MAILLES

5 En début de rang : en plus des m.l. pour tourner, ajoutez autant de m. chaînette que vous devez faire d'augmentations.
6 Sautez les m.l. et continuez sur les m. chaînette dans le point de l'ouvrage.
7 L'augmentation forme un décalage en escalier.
8 Après avoir travaillé la première série d'augmentations, procédez de même pour les suivantes.
9 En fin de rang : lorsque vous travaillez en B., pour la première augmentation crochetez 1 D.B. dans la même m. que la dernière B. puis pour les augmentations suivantes crochetez 1 D.B. au niveau du premier jeté de la D.B. précédente.
En cours de rang : crochetez 3 fois dans la même m. pour une augmentation de 2 m., 4 fois pour une augmentation de 3 m., etc.

AUGMENTATION DANS LE POINT DE GRILLE

En début de rang : pour augmenter d'un plein, travaillez comme pour les augmentations de plusieurs mailles expliquées p. 23, figure 5.

11 En début de rang : pour augmenter d'un arceau, crochetez 7 m.l. pour tourner et 1 B. sur la B.

En fin de rang : pour augmenter d'un plein, travaillez comme pour les augmentations de plusieurs mailles expliquées p. 23, figure 9.

12 En fin de rang : pour augmenter d'un arceau, crochetez 2 m.l. et 1 quadruple B. dans la même m. que la dernière B.

AUGMENTATION DANS UN ANGLE

13 Au premier rang : formez l'angle en crochetant 2 m.l. (ou plus selon la hauteur du point).

Aux rangs suivants : crochetez dans l'arceau de l'angle 1 m., 2 m.l. et 2 m. ou encore 2 m., 3 m.l. et 2 m.

AUGMENTATION EN ROND

14 Répartissez les augmentations régulièrement à chaque tour pour obtenir une surface bien plane.

11

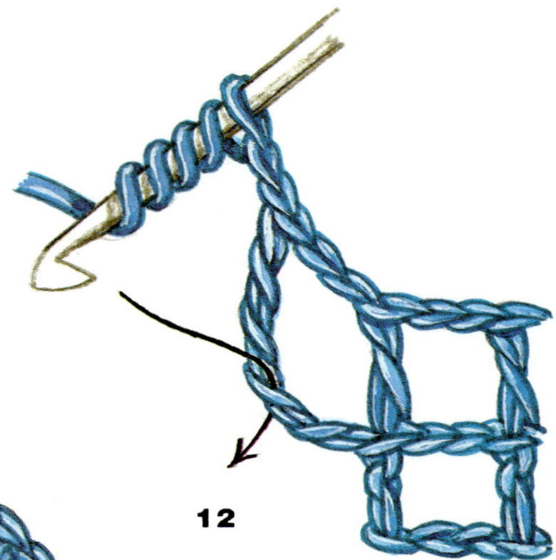

12

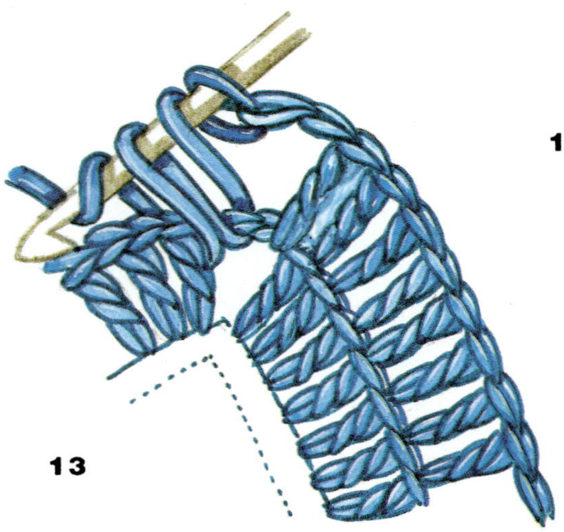

13

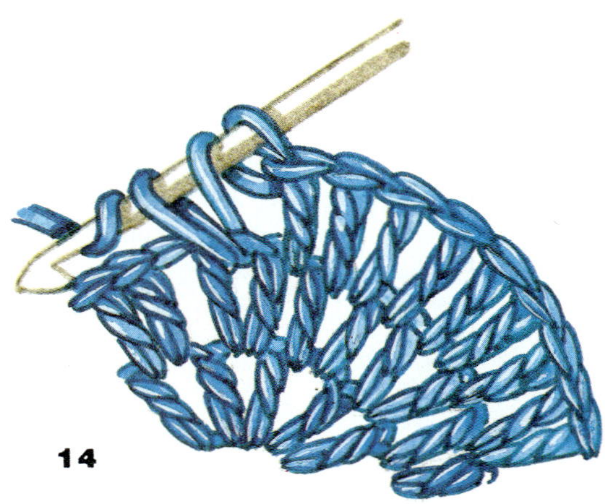

14

Comme les augmentations, les diminutions peuvent être formées en début, en fin ou en cours de rang. Tout dépend de l'ouvrage que vous voulez réaliser. Exécutez toujours soigneusement vos diminutions de lisières ; leur netteté déterminera la qualité de vos finitions.

1

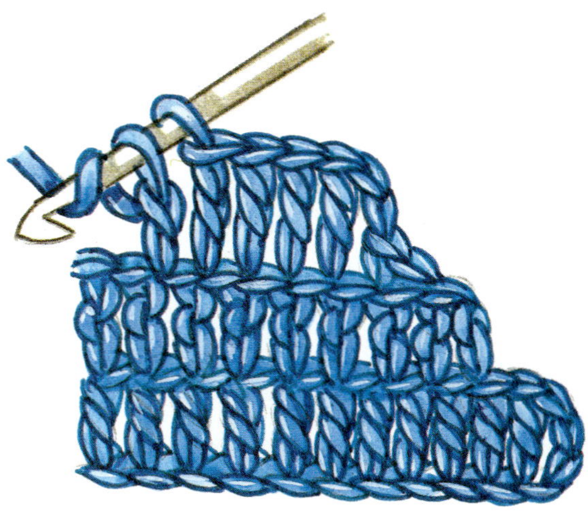

2

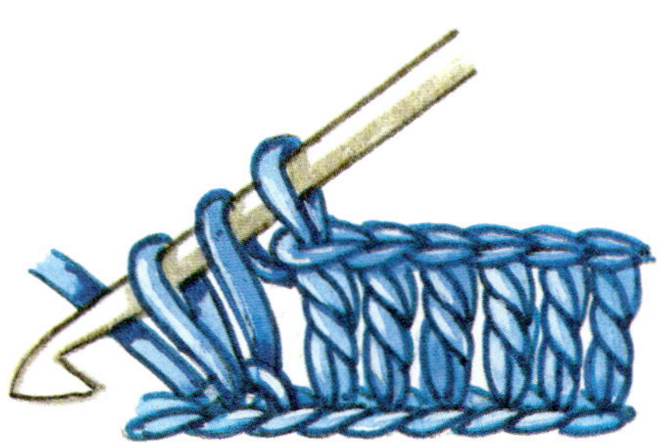

3

4

DIMINUTION DE PLUSIEURS MAILLES

1 En fin de rang : ne crochetez pas sur les dernières m. (le nombre de m. correspondant au nombre de diminutions).
En début de rang : travaillez en m.c. sur le nombre de m. à diminuer.

DIMINUTION RÉPARTIES SUR PLUSIEURS RANGS

2 Faites-les successivement en fin et en début de rang.

DIMINUTION D'UNE MAILLE EN COURS DE RANG

3/4 Sautez 1 m. et crochetez sur la m. suivante. Cette diminution peut également être réalisée en fermant 2 m. ensemble (pour fermer 2 m.s. ensemble, levez une boucle de chacune des 2 m. suivantes., 1 jeté, passez-le au travers des 3 boucles qui sont sur le crochet ; pour fermer 2 B. ou 2 D.B. fermées ensemble, reportez-vous à la rubrique les points de base).

5

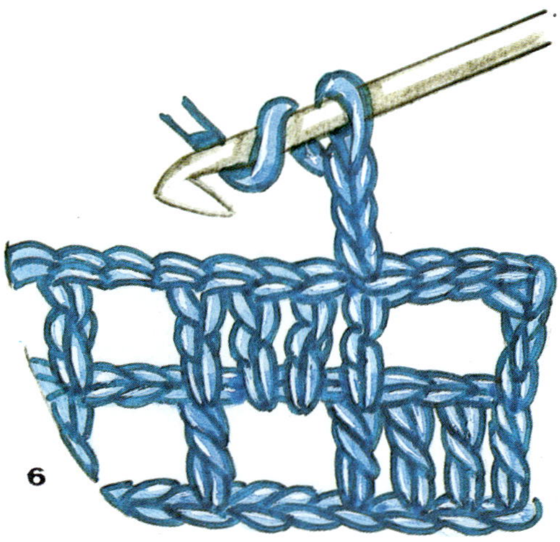

6

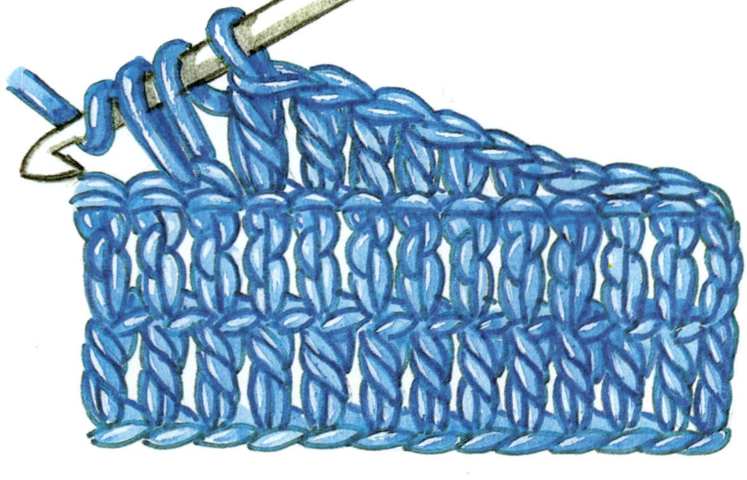

7

DIMINUTION DANS LE POINT DE GRILLE

En fin de rang :

5 Arrêtez sur 1 B., tournez, crochetez 3 m.l. si vous devez continuer en B. ou 5 m.l. si vous devez commencez par un arceau.

En début de rang :

6 Crochetez 1 m.c. dans chaque m. de la chaînette et sur la 1er B. puis crochetez 3 m.l. si vous continuez en B. ou 5 m.l. si vous commencez par un arceau.

DIMINUTION DE PLUSIEURS MAILLES EN BIAISANT

7 Exemple : pour diminuer de 6 m., piquez successivement dans les 6 premières m. en crochetant 4 m.c., 1 m.s. et 1 d.b. Continuez en B. Selon l'importance de la diminution, augmentez ou diminuez le nombre de m.c.

8

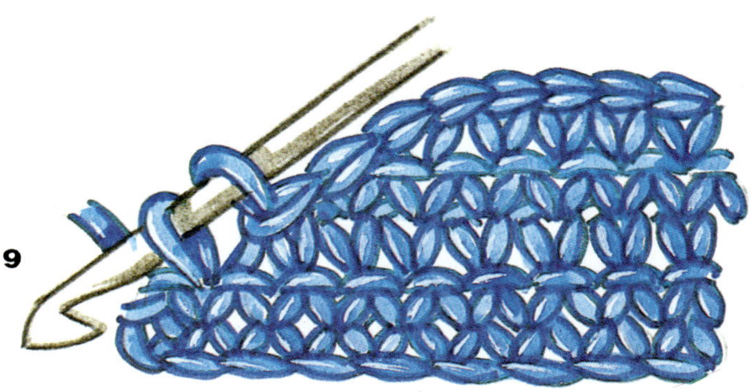

9

10

FORMER UNE PINCE

8 Diminuez en fin et en début de rang selon la longueur et la profondeur voulues.

9 Ensuite continuez le rang en crochetant en m.c. sur le biais formé.

10 Crochetez ensuite sur toutes les m.

Points Opaques

Ces divers points classiques, d'où la fantaisie n'est cependant pas exclue, forment un tissu régulier et souple.
Ils sont sélectionnés pour la réalisation de coussins, de couvertures ou encore de vêtements.
Vous les utiliserez seuls ou en les mélangeant à d'autres points pour former carrés, losanges, rayures ou diagonales du plus bel effet décoratif.

1

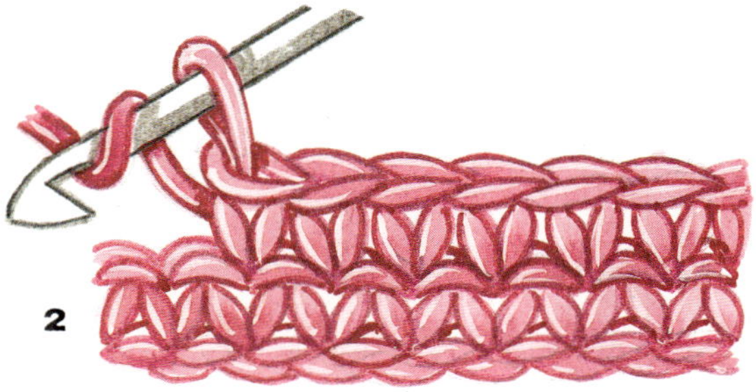

2

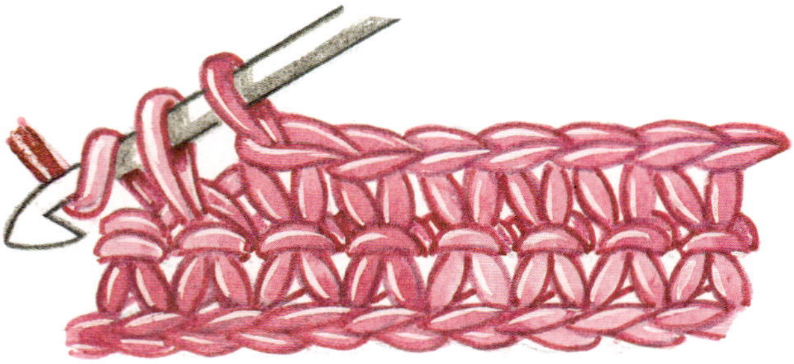

3

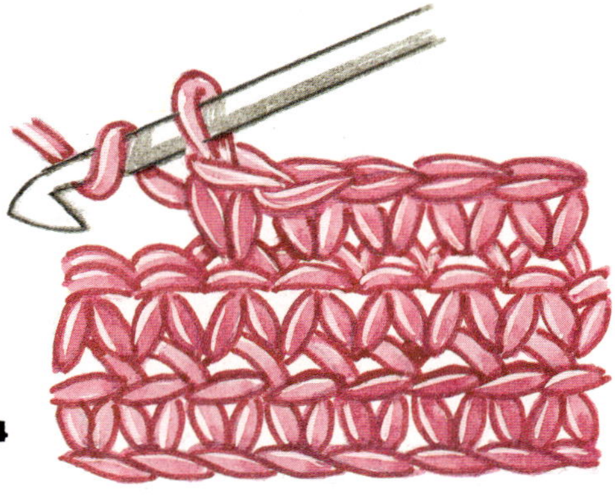

4

POINT DE ROSE

1 Faites une chaînette de la longueur nécessaire + 1 m.l. pour tourner.
Premier rang : 1 m.s. dans chaque m. de la chaînette.
Aux rangs suivants : 1 m.l. pour tourner et 1 m.s. dans chaque m. du rang précédent en piquant le crochet sous les 2 brins de la m. de tête.

POINT RUSSE

2 Se travaille toujours sur l'endroit en commençant sur une chaînette de la longueur voulue + 1 m.l. pour tourner.
Premier rang : 1 m.s. dans chaque m. de la chaînette. Cassez le fil.
Deuxième rang : comme le 1er rang en piquant sous les 2 brins de la m. de tête de chaque m.s. du rang précédent.

POINT ALBANAIS

3/4 Faites une chaînette de la longueur voulue + 1 m.l. pour tourner.
Premier rang : 1 m.s. dans chaque m. de la chaînette.
Aux rangs suivants : 1 m.l. pour tourner et 1 m.s. dans chaque m. du rang précédent en piquant sous le brin avant de la m. de tête.

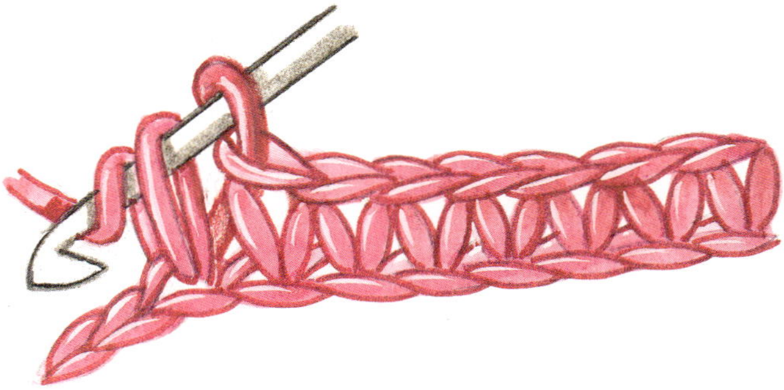

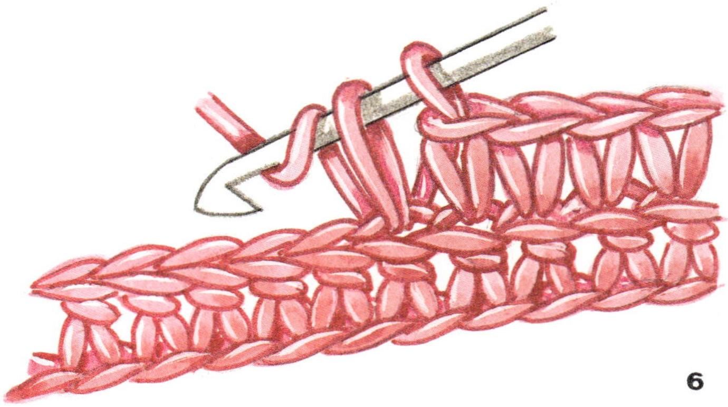

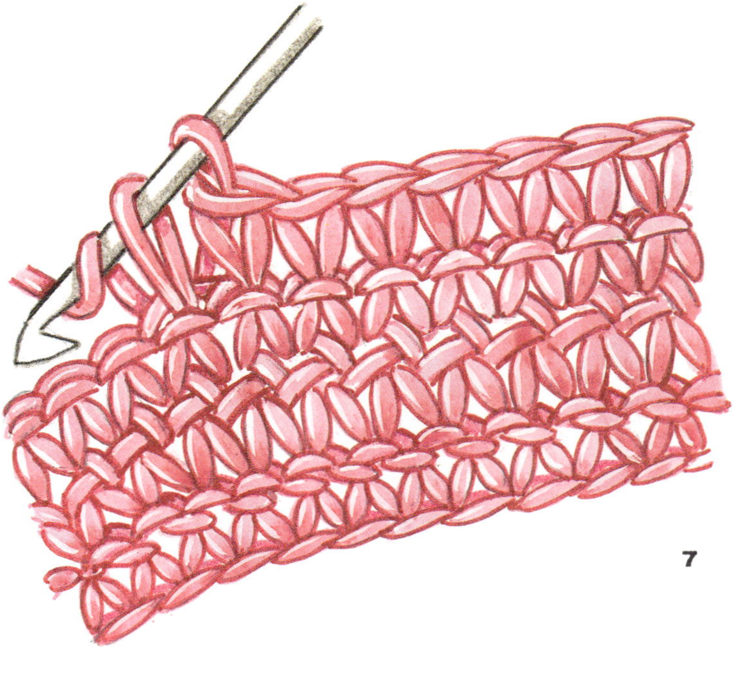

Point à côtes

Souvent utilisé pour les finitions, le point à côtes reste élastique mais cependant moins que les côtes tricotées. Il se travaille horizontalement mais s'utilise verticalement.

Faites une chaînette de la longueur nécessaire + 1 m.l. pour tourner.

5 Premier rang : 1 m..s. dans chaque m. de la chaînette.

6 Deuxième rang : 1 m.l. pour tourner, 1 m.s. dans chaque m. en piquant dans le brin arrière de la m. de tête.

7 Répétez toujours le 2e rang.

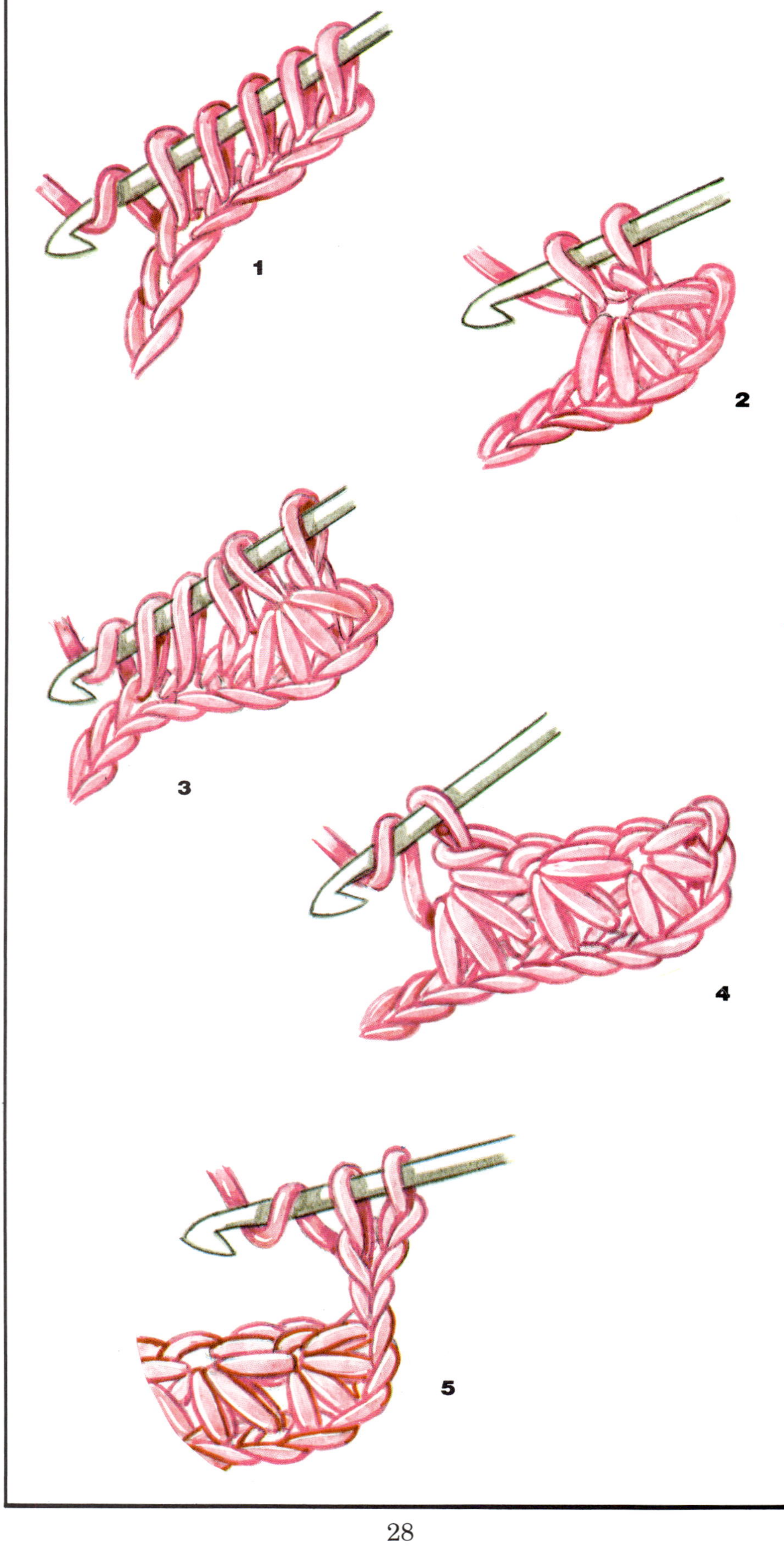

POINT DE MARGUERITE

Ce point se travaille toujours sur l'endroit, il faut donc casser le fil à chaque fin de rang ou travailler en tournant.
Faites une chaînette d'un nombre impair de mailles.

Premier rang :

1 Piquez dans la 2e m. en partant du crochet, 1 jeté, tirez pour ramener 1 boucle, tirez 1 boucle de chacune des 3 m. suivantes, 1 jeté.
2 (X) passez le jeté au travers des 5 boucles, 1 m.l., piquez le crochet dans le brin fermant les boucles.
3 1 jeté, tirez 1 boucle, tirez 3 nouvelles boucles en piquant sous le dernier pétale (5e boucle du 1er motif) puis dans chacune des 2 m.l. suivantes, 1 jeté.
4 Reprenez à (X) jusqu'à la fin de la chaînette.

Deuxième rang :

5 3 m.l., piquez le crochet dans la 2e m.l., 1 jeté et tirez 1 boucle. ▶

6

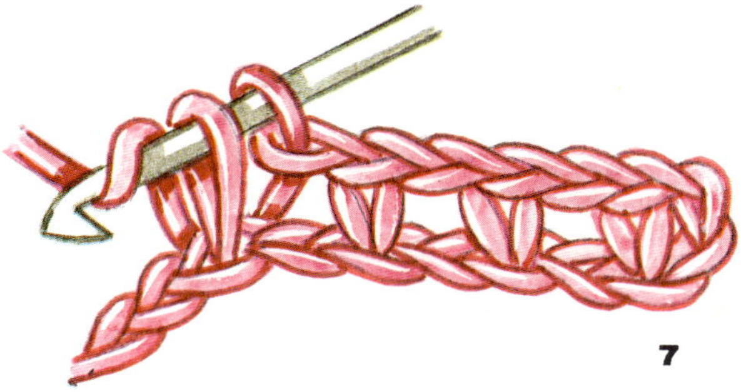

7

8

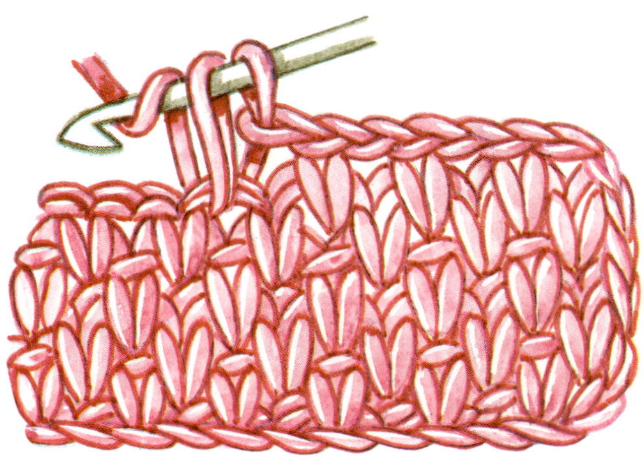

9

6 Tirez 3 nouvelles boucles, 1 dans la 3ᵉ m.l., 1 sous le brin supérieur de la fleur du rang précédent et 1 dans le cœur de cette fleur, 1 jeté, passez-le au travers des 5 boucles, 1 m.l. Tirez 4 boucles, 1 dans le brin fermant les 5 boucles, 1 sous la 5ᵉ de ces boucles, 1 dans la boucle supérieure de la fleur du rang précédent et 1 dans le cœur de cette fleur, 1 jeté, passez-le au travers des 5 boucles 1 m.l. Répétez toujours le 2ᵉ rang.

POINT GRANITÉ

Faites une chaînette d'un nombre impair de m.

7 Premier rang : 1 m.s. dans la 3ᵉ m. en partant du crochet, (X) 1 m.l., sautez 1 m., 1 m.s. dans la m. suivante, reprenez à (X).

8 Deuxième rang : 3 m.l., 1 m.s. dans la m. sautée au r. précédent, (X) 1 m.l., 1 m.s. dans la m. sautée suivante, reprenez à (X).

9 Aux rangs suivants : comme le 2ᵉ rang en piquant le crochet sous chaque m.l.

1

2

3

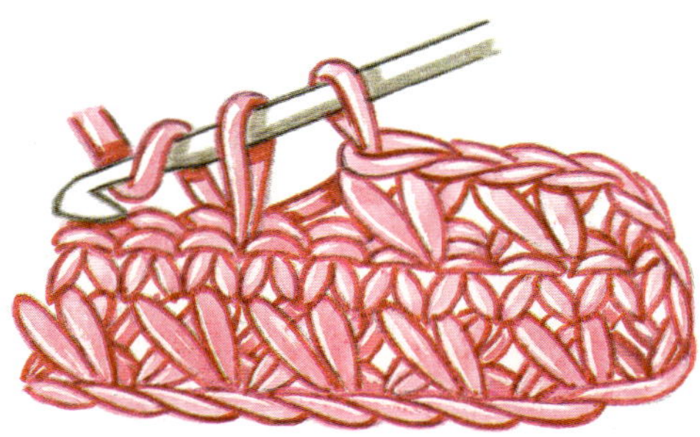
4

5

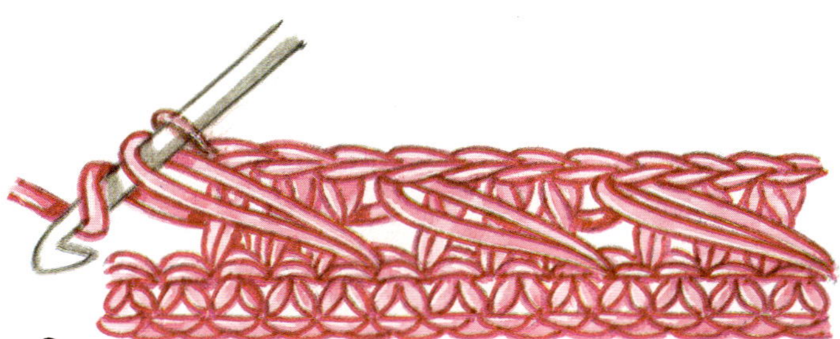
6

MAILLES SERRÉES BIAISÉES

Travaillez toujours sur l'endroit.
Faites une chaînette d'un nombre pair de m.
1 Premier rang : sautez 1 m. de la chaînette, 1 m.s. dans la m. suivante, (X) sautez 1 m., 1 m.s. dans la m. suivante, 1 m.s. dans la m. sautée, reprenez à (X) et à la fin du rang, cassez le fil.
2 Aux rangs suivants : 1 m.s. sur la première m., (X) sautez 1 m., 1 m.s. au centre de la m. suivante, puis 1 m.s. dans la m. sautée, reprenez à (X).

MAILLES SERRÉES CROISÉES

3 Après un rang de m. serrées biaisées, crochetez 1 m.l. pour tourner et 1 m.s. dans chaque m. du 1er tour.
4 Reprenez au 1er rang.

POINT JUDITH

Faites une chaînette d'un nombre de m. multiple de 4 + 2.
Premier rang : sautez la première m. de la chaînette et 1 m.s. dans chaque m. suivante.
5/6 Deuxième rang : 3 m.l. pour tourner, (X) sautez 1 m., 1 B. dans les 3 m. suivantes, 1 m.s. dans la m. sautée en allongeant la boucle, reprenez à (X). ▶

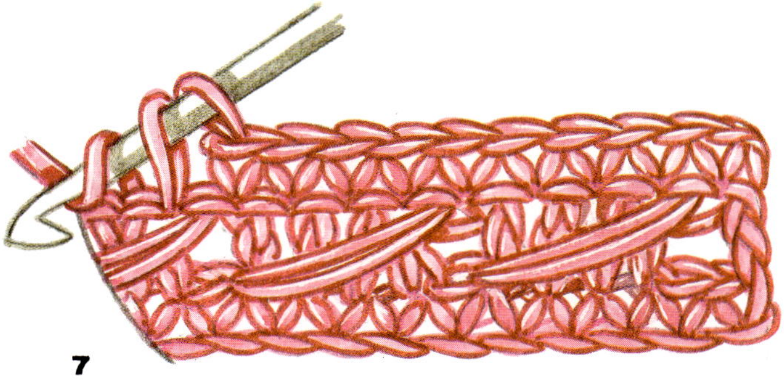

7

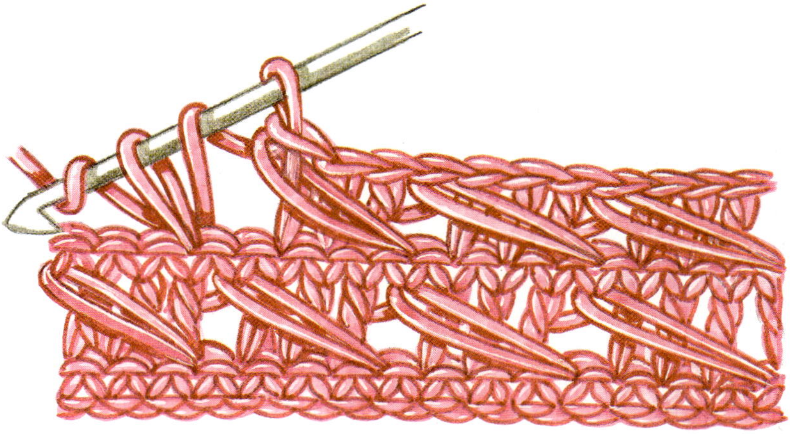

8

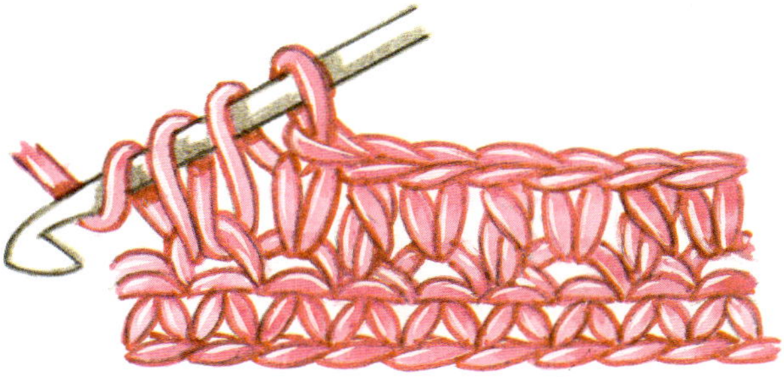

9

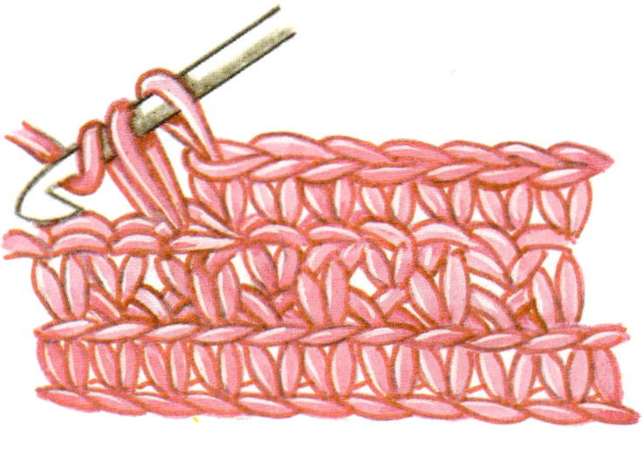

10

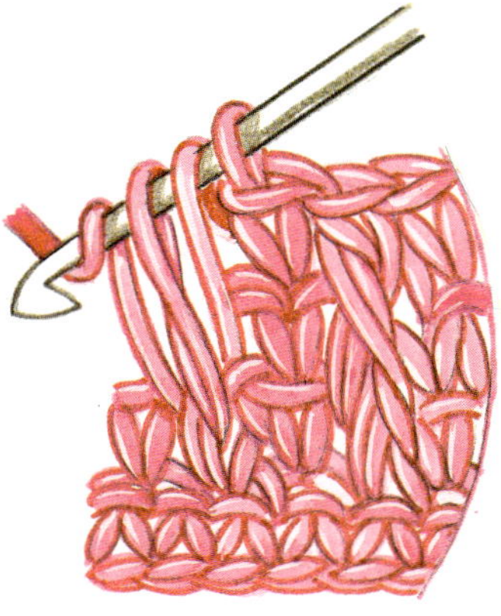

11

7 Troisième rang : 1 m.l. pour tourner et 1 m.s. dans chaque m.

8 Reprenez au 2e rang.

POINT BÉGONIA

L'effet de côtes verticales n'est visible que sur l'endroit.

Faites une chaînette d'un nombre pair de m.

Premier rang : sautez la première m. de la chaînette, 1 m.s. dans chaque m. suivante et 1 m.l. pour tourner.

9 Deuxième rang : (X) 1 m.s. dans la 1re m., 1 B. dans le brin avant de la m. suivante, reprenez à (X) puis terminez par 1 m.s. et 1 m.l.

10 Troisième rang : tout en m.s. puis 1 m.l.

11 Quatrième rang : comme le 2e rang mais pour les B. piquez sous les B. du 2e rang.

Répétez toujours les 3e et 4e rangs.

Commencez par le bas ; crochetez une chaînette de 97 m. l. (35 cm env.).
1er rang : sautez 6 m. de la chaînette, 1 B. ds la m. suiv., (X) 1 m.l., sautez 1 m., 1 B. ds la m. suiv., reprenez à (X) ceci jusqu'à la dern. m. – fig. 1 –.
2e rang : 4 m.l. pr tourner, sautez la dern. B. du r. précédent, 1 B. couverture à l'env. sur la B. suiv. (1 jeté, piquez le crochet d'arrière en avant à droite de la B. et repiquez-le à gauche de cette m. pour placer la pointe derrière, faites 1 jeté et tirez sur le crochet pour faire passer le jeté devant la B. et ramenez-le derrière, 1 jeté, passez-le au travers des 2 prem. boucles – fig. 2 –, 1 jeté, passez-le au travers des 2 boucles rest.), 1 m.l., 1 B. couverture à l'endr. sur la B. suivante (1 jeté, piquez le crochet d'avant en arrière à droite de la B. – fig. 3 – et repiquez-le à gauche de cette m. pour placer la pointe devant, 1 jeté, tirez pour faire passer le jeté derrière la B. et ramenez-le devant, 1 jeté, passez-le au travers des 2 prem. boucles – fig. 4 –, 1 jeté, passez-le au travers des 2 boucles rest.), reprenez à (X) puis term. par 1 B. couverture à l'env. et 1 B. ds la 2e m.l. suiv. Répétez ce 2e rang – fig. 5 –. A 96 cm de haut., arrêtez.

Montage

Pliez la bande en deux et fermez les 2 côtés. Avec 10 brins de coton, faites une cordelière d'1 mètre et fixez-la à chaque extrémité dans le haut. Préparez deux carrés de cuir de 14 cm de côté que vous couperez en diagonale pour former 4 triangles. Fixez-les aux angles à point de piqûre.

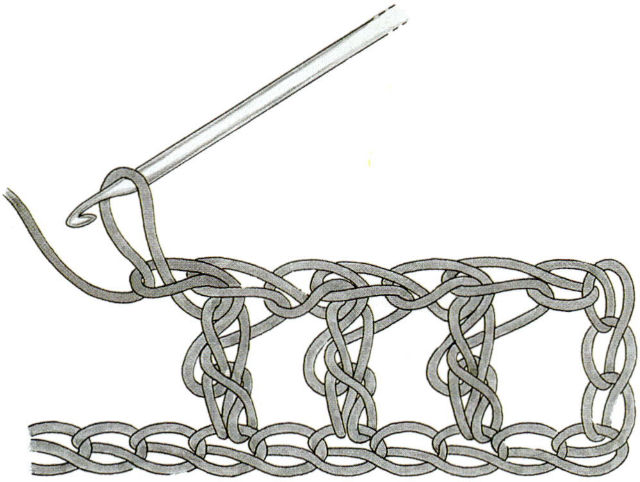

1

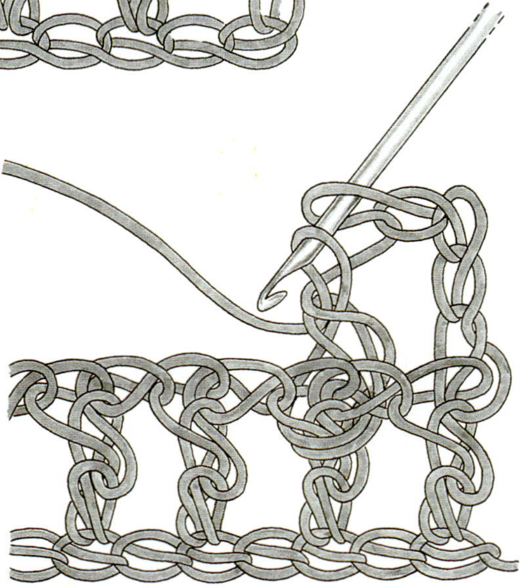

2

FOURNITURES

600 g de coton n° 5 de Berger du Nord blanc.
Un crochet n° 3.

POINTS EMPLOYÉS

Maille en l'air (m.l.)
Bride (B.)

ECHANTILLON

10 B. couverture = 7,7 cm ;
10 rangs = 10 cm.

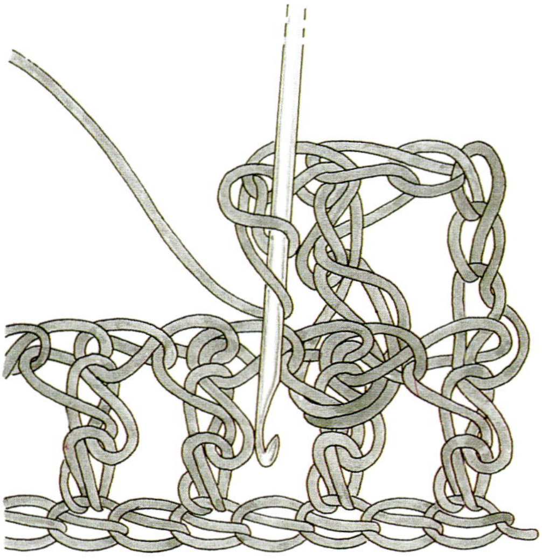

3

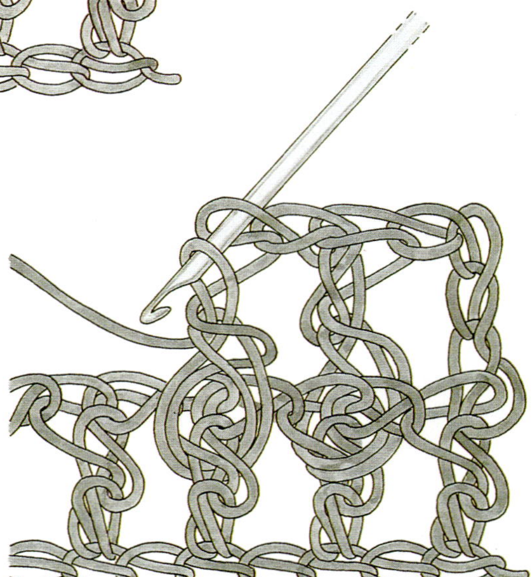

4

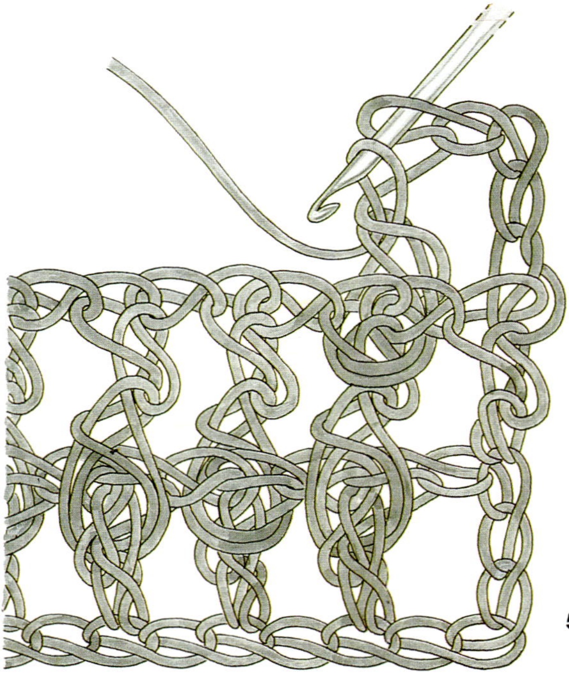

5

Points Coquilles

LES POINTS COQUILLES

Les coquilles ou écailles sont des ensembles de points crochetés dans une même maille. Leur forme d'éventail varie suivant le nombre de mailles qui le compose, de la hauteur du ou des points choisis et de leur écartement.

Elles seront toujours faites sur un nombre impair de mailles pour les coquilles simples et pair pour les coquilles jumelées. Plus ou moins ajourées, elles composent des points variés et sont utilisées pour les bordures et les dentelles.

1

2

3

4

5

COQUILLES DE CINQ BRIDES

Faites une chaînette d'un nombre de m. multiple de 4 + 3.

Premier rang :

1 sautez 4 m., 5 B. dans la m. suivante.

2 (X) sautez 3 m., 5 B. dans la m. suivante.

3 Reprenez à (X) puis terminez par 1 B. dans la dernière m.

Deuxième rang et les suivants : faites 4 m.l., 5 B. dans la 3e m. de chaque coquille et 1 B. dans la dernière m.

COQUILLES JUMELÉES

Faites une chaînette d'un nombre de m. multiple de 4 + 3.

Premier rang :

4 sautez 4 m., un groupe de 2 B., 2 m.l. et 2 B. dans la m. suivante, (X) sautez 3 m., un groupe de 2 B., 2 m.l. et 2 B. dans la m. suivante, reprenez à (X) puis terminez par 1 B. dans la dernière m.

Deuxième rang et les suivants :

5 faites 3 m.l., un groupe de 2 B., 2 m.l. et 2 B. dans chaque arceau de 2 m.l. puis 1 B. dans la m. lisière.

6

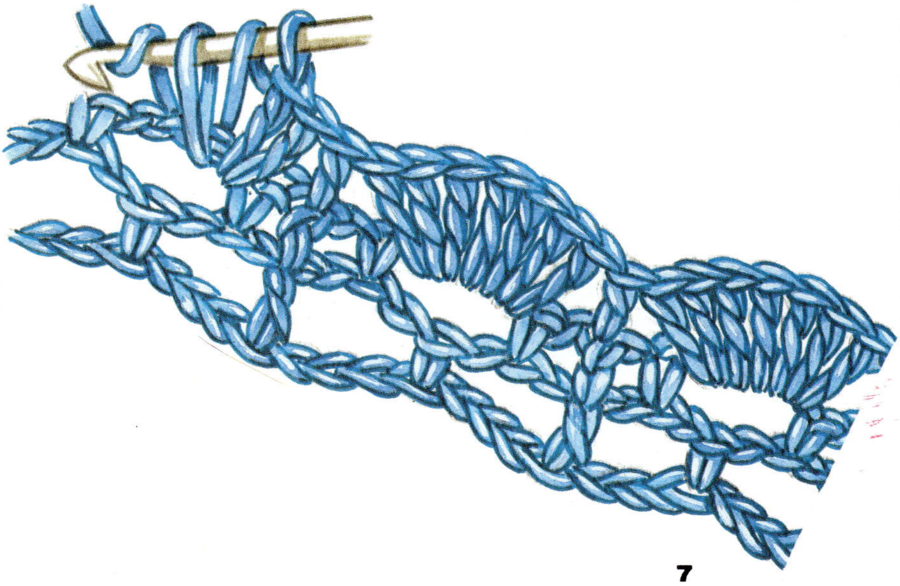

7

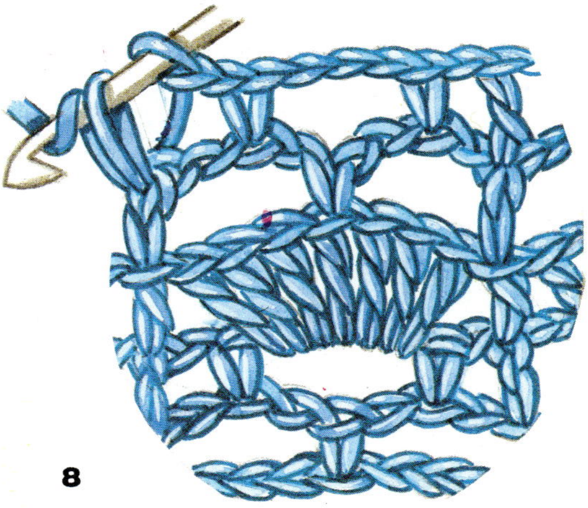

8

CLAUSTRA À COQUILLES

Faites une chaînette d'un nombre de m. multiple de 8 + 5.

Premier rang :

6 sautez 3 m., 1 B. dans la m. suivante, (X) 3 m.l., sautez 3 m., 1 m.s. dans la m. suivante, 3 m.l., sautez 3 m., 1 B. dans la m. suivante, reprenez à (X) puis terminez par 1 B. dans la dernière m.

Deuxième rang : faites 3 m.l., 1 B. sur la 2e B., (X) 1 m.l., 1 m.s. dans le 1er arceau, 3 m.l. , 1 m.s. dans l'arceau suivant, 1 m.l., 1 B. sur la B., reprenez à (X) puis terminez par 1 B. sur la dernière m.

Troisième rang :

7 faites 3 m.l., 1 B. sur la 2e B.,(X) 7 B. dans l'arceau de 3 m.l.,1 B. sur la B., reprenez à (X) puis terminez par 1 B. sur la dernière m.

8 Répétez toujours ces 3 rangs.

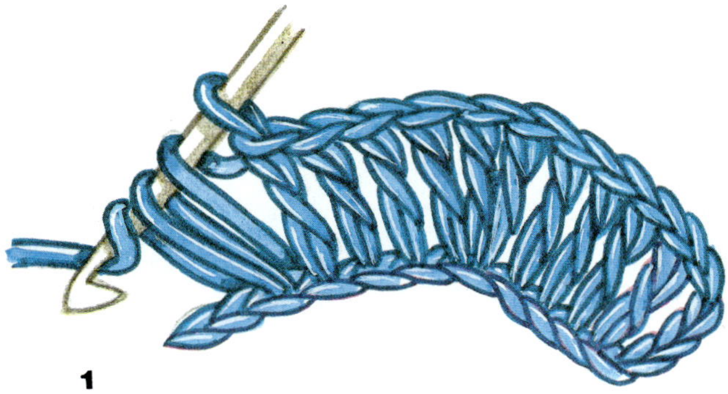

1

2

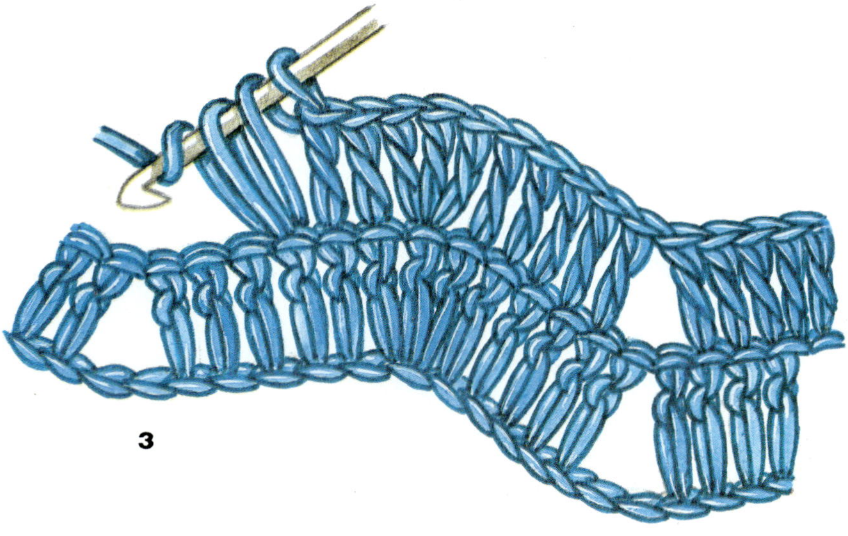

3

LES VAGUES

Faites une chaînette d'un nombre de m. multiple de 13 + 1.

1/2 Premier rang : sautez 4 m. de la chaînette, 1 B. dans chacune des 4 m. suivantes, (X) 3 B. dans la m. suivante, 1 B. dans chacune des 5 m. suivantes, sautez 2 m., 1 B. dans chacune des 5 m. suivantes, reprenez à (X) puis terminez par 3 B. dans la même m. et 1 B. dans chacune des 5 dernières m.

3 Deuxième rang et les suivants : 3 m.l., sautez les 2 prem. B., 1 B. sur chacune des 4 B. suivantes, (X) 3 B. sur la m. suivante, 1 B. sur chacune des 5 B., sautez 2 B., 1 B. sur chacune des 5 B., reprenez à (X) puis terminez par 3 B. sur la même B., 1 B. sur chacune des 4 B. suivantes, sautez 1 m. et 1 B. sur la dernière m.

4

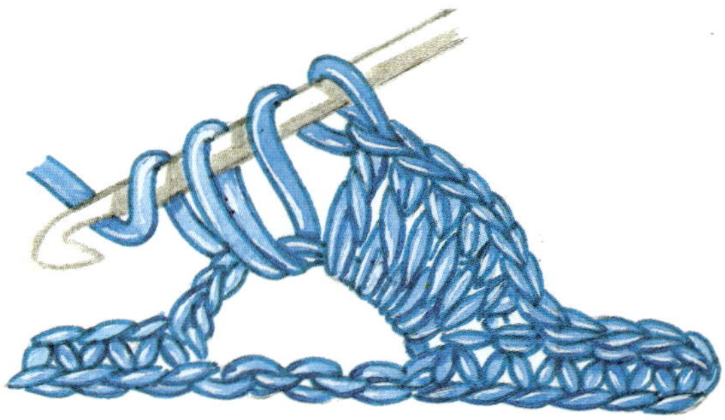

5

6

7

GRANDE COQUILLE

Faites une chaînette de 16 m.

4 Premier rang : sautez 1 m., 1 m.s. dans chacune des 6 m. suivantes, 4 m.l., sautez 3 m., 1 m.s. dans chacune des 6 m. suivantes, tournez.

5 Deuxième rang : 1 m.c. dans chacune des 4 premières m., 16 B. dans le cercle, sautez 2 m.s. et 1 m.c. dans chacune des 3 m. suivantes.

6 Troisième rang : 1 m.l., 1 B. sur chacune des 3 premières B., (X) 3 m.l., sautez 2 B., 1 B. sur chacune des 2 m. suivantes, reprenez à (X) 2 fois en tout puis, 3 m.l., sautez 2 m., 1 B. sur chacune des 3 dernières B., 1 m.l., sautez 3 m.c. et 1 m.c. dans la dernière m.

7 Quatrième rang : 3 m.l., 1 m.s. sous la m.l., 4 m.l., 1 m.s. sur la 3e B., 4 m.l., 1 m.s. entre les 2 B. suivantes, 4 m.l., 1 mouchet dans l'arceau central (1 jeté, piquez le crochet dans l'arceau, 1 jeté, tirez pour ramener une boucle, répétez ce travail 5 fois puis faites 1 jeté, passez-le au travers des 10 premières boucles, 1 jeté, passez-le au travers des 2 boucles restantes), 4 m.l., 1 m.s. entre les 2 B. suivantes, 4 m.l., 1 m.s. sur la 1re B., 4 m.l., 1 m.s. sous la m.l. suivante, 3 m.l. et 1 m.c. dans la dernière m.s.

FOURNITURES

450 g de fil à tricoter de grosseur moyenne (50 % acrylique, 43 % laine et 7 % chlorofibres) beige et un crochet n° 6.

POINTS EMPLOYÉS

Maille en l'air (m.l.)

Maille serrée (m.s.)

Double bride (D.B.)

Deux doubles brides fermées ensemble (2 D.B. ferm. ens.) : (X) 2 jetés, piquez le crochet ds 1 m., 1 jeté, tirez pr ramener une boucle, 1 jeté que l'on passe au travers des 2 prem. boucles qui sont sur le crochet, 1 jeté que l'on passe au travers des suiv., gardez les 2 dern. boucles sur le crochet et reprenez à (X) 2 f. en tt., puis 1 jeté que l'on passe au travers des 3 boucles qui sont sur le crochet.

Sur une chaînette de 203 m.l., trav. ainsi :

1er rang : faites 1 m.s. en piquant le crochet ds la 3e m.l. de la chaînette depuis le crochet, (X) 4 m.l., sautez 4 m., 1 D.B. ds la m. suiv., 4 f. (1 m.l. et 1 D.B. ds la même m. que la D.B. précédente), 4 m.l., sautez 4 m., 1 m.s. ds la m. suiv., reprenez à (X) 20 f. en tt ;

2e rang : 4 m.l. pr tourner, 1 m.s. sur la 1re D.B. du groupe de 5 D.B., 4 m.l., sautez la 2e D.B., (X) 1 m.s. sur la 3e D.B. (soit sur la D.B. du milieu du groupe de 5 D.B.), 4 m.l., sautez les 2 dern. D.B. du groupe et les 4 m.l. suiv., 1 groupe de 1 D.B., 3 m.l. et 1 D.B. sur la m.s. suiv., 4 m.l., reprenez à (X) 19 f. en tt puis term. par 1 m.s. sur la 3e D.B. du dern. groupe de 5 D.B. et 1 D.B. sur la 5e D.B. de ce groupe ;

3e rang : 4 m.l. pr tourner, sautez la D.B. et la m.s., 1 m.s. ds l'arceau de 4 m.l., 4 m.l., (X) 2 D.B. ferm. ens. ds l'arceau de 3 m.l., 1 m.s. en piquant à droite de ces 2 D.B. ferm. ens., 2 D.B. ferm. ens. tjrs ds l'arceau de 3 m.l., 1 m.s. en piquant à droite de ces D.B., 2 D.B. tjrs ds l'arceau de 3 m.l. et 1 m.s. en piquant à droite de ces D.B., 4 m.l., sautez l'arceau de 4 m.l., 1 groupe de 1 D.B., 3 m.l. et 1 D.B. sur la m.s. suiv., 4 m.l., sautez l'arceau de 4 m.l., reprenez à (X) 18 f. en tt puis term. par 3 groupes de 2 D.B. ferm. ens. (avec 1 m.s. faite au-dessus) ds le dern. arceau de 3 m.l., 4 m.l., sautez l'arceau de 4 m.l. et 1 m.s. sur la m.s. suiv. ;

4e rang : 4 m.l. pr tourner, 1 m.s. sur le 1er groupe de 2 D.B. ferm. ens. du rang précédent, 4 m.l., 1 m.s. sur le 3e groupe de 2 D.B. ferm. ens., (X) 4 m.l., sautez l'arceau de 4 m.l., 1 D.B. ds l'arceau de 3 m.l. suiv., 4 f. (1 m.l. et 1 D.B. ds le même arceau de 3 m.l.), 4 m.l., 1 m.s. sur le 2e groupe de 2 D.B. ferm. ens., reprenez à (X) 18 f. en tt ;

5e rang : comme le 2e rang mais en ne répétant que 17 f. de (X) à (X) au lieu de 19 f. ;

6e rang : comme le 3e rang mais en ne répétant que 16 f. de (X) à (X) ;

7e rang : comme le 4e rang mais en ne répétant que 16 f. de (X) à (X) ;

8e rang : comme le 2e rang mais en ne répétant que 15 f. de (X) à (X) ;

9e rang : comme le 3e rang mais en ne répétant que 14 f. de (X) à (X) ;

10e rang : comme le 4e rang mais en ne répétant que 14 f. de (X) à (X) ;

11e rang : comme le 2e rang mais en ne répétant que 13 f. de (X) à (X) ;

12e rang : comme le 3e rang mais en ne répétant que 12 f. de (X) à (X) ;

13e rang : comme le 4e rang mais en ne répétant que 12 f. de (X) à (X) ;

14e rang : comme le 2e rang mais en ne répétant que 11 f. de (X) à (X) ;

15e rang : comme le 3e rang mais en ne répétant que 10 f. de (X) à (X) ;

16e rang : comme le 4e rang mais en ne répétant que 10 f. de (X) à (X) ;

17e rang : comme le 2e rang mais en ne répétant que 9 f. de (X) à (X) ;

18e rang : comme le 3e rang mais en ne répétant que 8 f. de (X) à (X) ;

19e rang : comme le 4e rang mais en ne répétant que 8 f. de (X) à (X) ;

20e rang : comme le 2e rang mais en ne répétant que 7 f. de (X) à (X) ;

21e rang : comme le 3e rang mais en ne répétant que 6 f. de (X) à (X) ;

22e rang : comme le 4e rang mais en ne répétant que 6 f. de (X) à (X) ;

23e rang : comme le 2e rang mais en ne répétant que 5 f. de (X) à (X) ;

24e rang : comme le 3e rang mais en ne répétant que 4 f. de (X) à (X) ;

25e rang : comme le 4e rang mais en ne répétant que 4 f. de (X) à (X) ;

26e rang : comme le 2e rang mais en ne répétant que 3 f. de (X) à (X) ;

27e rang : comme le 3e rang mais en ne répétant que 2 f. de (X) à (X) ;

28e rang : 3 m.l. pr tourner, 1 m.s. ds l'arceau de 4 m.l., (X) 4 m.l., 1 m.s. sur le 2e groupe de 2 D.B. ferm. ens., 4 m.l., 3 groupes de 2 D.B. ferm. ens. ds l'arceau de 3 m.l. en crochetant tjrs 1 m.s. au-dessus de ch. groupe, reprenez à (X) 2 f. en tt et term. par 4 m.l. et 1 m.s. sur le 2e groupe de 2 D.B. ferm. ens. du rang précédent ;

29e rang : 3 m.l. pr tourner, 1 m.s. ds l'arceau de 4 m.l., 4 m.l., 1 m.s. sur le 2e groupe de 2 D.B. ferm. ens., 4 m.l., 1 groupe de 1 D.B., 3 m.l. et 1 D.B. sur la m.s. du rang précédent, 4 m.l., 1 m.s. sur le 2e groupe de 2 D.B. ferm. ens. du rang précédent, 4 m.l. et

1 m.s. ds la 2e m. de l'arceau suiv. ;
30e rang : 4 m.l. pr tourner, sautez l'arceau de 4 m.l., 1 D.B. sur la m.s. suiv., 4 m.l., sautez l'arceau de 4 m.l., 3 groupes de 2 D.B. ferm. ens. ds l'arceau de 3 m.l. en crochetant tjrs 1 m.s. au-dessus de ch. groupe, 4 m.l., 1 D.B. sur la m.s. du rang précédent, 4 m.l. et 1 m.s. sur la m.s. suiv. Arrêtez.
Faites sur les 2 côtés du châle 1 rang d'arceaux ainsi : 1 m.s. ds un arceau, (X) 3 m.l., 1 m.s., reprenez à (X) en formant environ 45 arceaux par côté.
Pour les franges, coupez des brins de 34 cm de long puis formez un gland ds chaque arceau ainsi : prenez 6 brins, piquez le crochet ds un arceau, accrochez les brins en leur milieu, tirez pr ramener une boucle dans laquelle on passe les extrémités, tirez et serrez. Egalisez aux ciseaux.

Points Ajourés

LES POINTS AJOURÉS

En légère dentelle ou en point de filet bien structuré, les ajourés sont faciles à exécuter. Ils donnent une grande souplesse aux ouvrages de fin coton ou de laine légère. Ils sont aussi bien utilisés pour des rideaux, coussins, abat-jour que pour un châle douillet ou une petite blouse.

1

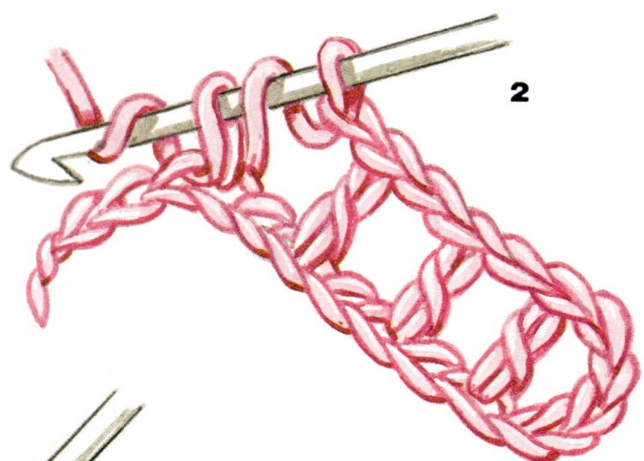

2

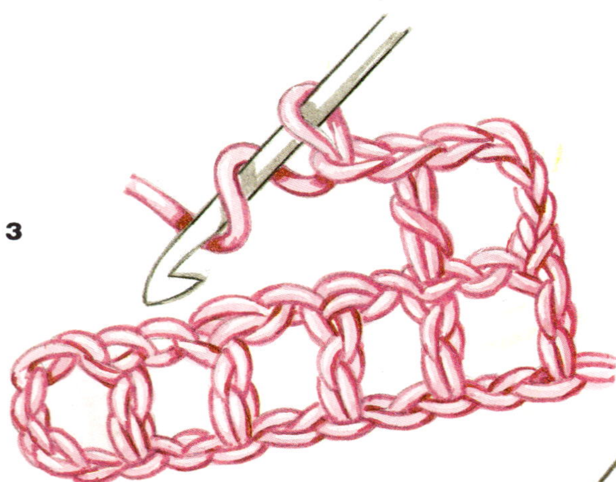

3

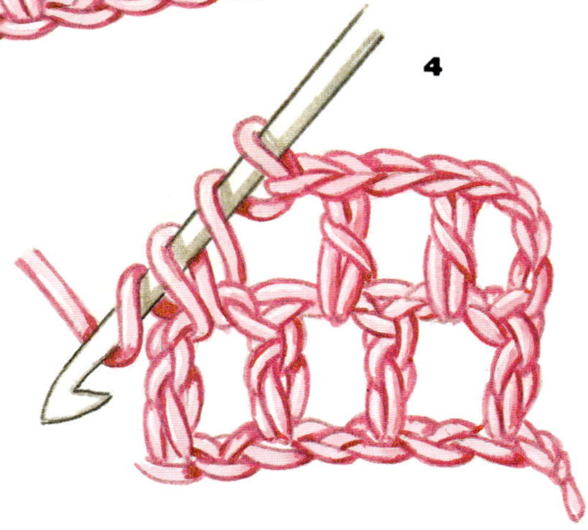

4

GRILLE FILET

Faites une chaînette d'un nombre pair de m. :

1 Premier rang : 1 B. dans la 6e m. de la chaînette, (X) 1 m.l., sautez 1 m., 1 B. dans la m. suivante, reprenez à (X).

2 Continuez ainsi sur toute la longueur de la chaînette.

3 Deuxième rang et les rangs suivants : 4 m.l. pour tourner, 1 B. sur la 2e B. du rang précédent, (X) 1 m.l., 1 B. sur la B. suivante, reprenez à (X).

GRILLE DECALÉE

Faites une chaînette d'un nombre pair de m.

4 Premier rang : 1 B. dans la 6e m. de la chaînette, (X) 1 m.l., sautez 1 m., 1 B. dans la m. suivante, reprenez à (X).

Deuxième rang et les rangs suivants : 3 m.l. pour tourner, (X) 1 B. dans l'arceau de la m.l. du rang précédent, 1 m.l., reprenez à (X) et terminez par 1 m.l. dans la 2e m.l. du rang précédent.

5

6

7

8

9

GRILLE FANTAISIE

Faites une chaînette d'un nombre de mailles multiple de 8 + 5.

5 Premier rang : sautez 8 m. de la chaînette, (X) 1 B. dans la m. suivante, 3 m.l., sautez 3 m., 1 m.s. dans la m. suivante, 3 m.l., sautez 3 m., reprenez à (X) en terminant par 1 m.s.

6 Deuxième rang : 6 m.l., (X) 1 m.s. sur la B. du rang précédent, 3 m.l., sautez les m.l. du rang précédent, 1 B. sur la m.s. du rang précédent, 3 m.l., sautez les 3 m.l. du rang précédent, reprenez à (X) et terminez par 1 m.s. sur la B., 3 m.l. et 1 B. dans la 4e m.l. de lisière.

7 Répétez ce travail en crochetant toujours 1 B. sur la m.s. et 1 m.s. sur la B. du rang précédent.

GRILLE À FAUX PICOTS

Faites une chaînette d'un nombre de mailles multiple de 5 + 1.

8 Premier rang : sautez 10 m. de la chaînette, (X) 1 m.s. dans la m. suivante, 2 m.l., 1 m.s. dans la même m., 5 m.l., sautez 4 m., reprenez à (X) et terminez par 1 m.s. dans la dernière m.

9 Aux rangs suivants : 5 m.l., (X) 1 m.s. dans la 3e m.l. de l'arceau de 5 m.l. du rang précédent, 2 m.l., 1 m.s. dans la même m., reprenez à (X)

1

2

3

GRILLE CLAUSTRA

Faites une chaînette d'un nombre de m. multiple de 4 + 1.

1 Premier rang : sautez 8 m. de la chaînette, 1 B. dans la m. suivante, (X) 3 m.l., sautez 3 m., 1 B. dans la m. suivante, reprenez à (X).

Deuxième rang : 4 m.l. pour tourner, (X) 1 m.s. dans la 2e m.l. de l'arceau, 2 m.l., 1 B. sur la B., 2 m.l., reprenez à (X) puis terminez le rang par 2 m.l., sautez 1 m. et 1 B. dans la m. suivante.

2 Troisième rang : 5 m.l., (X) 1 B. sur la B., 3 m.l., reprenez à (X) puis terminez par 1 B. dans la 3e m.l. de l'arceau de lisière. Répétez toujours les 2e et 3e rangs.

GRILLE NID D'ABEILLES

Faites une chaînette d'un nombre de m. multiple de 4 + 3.

3 Premier rang : sautez 10 m. de la chaînette, 1 B. dans la m. suivante, (X) 5 m.l., sautez 3 m., 1 B. dans la m. suivante, reprenez à (X).

Deuxième rang : 7 m.l. pour tourner, (X) 1 B. ds la 3e m.l. de l'arceau, 5 m.l., reprenez à (X) puis terminez par 1 B. dans la 3e m. de l'arceau de lisière. Répétez toujours le 2e rang.

4

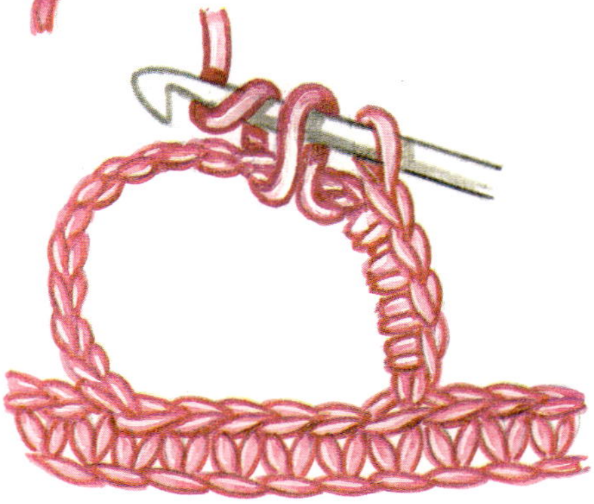

5

6

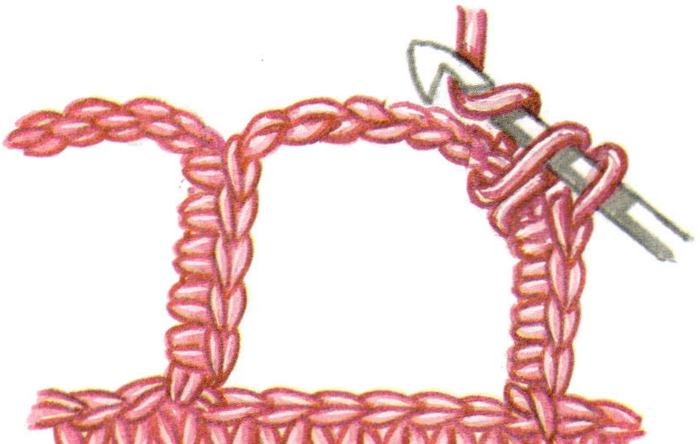

7

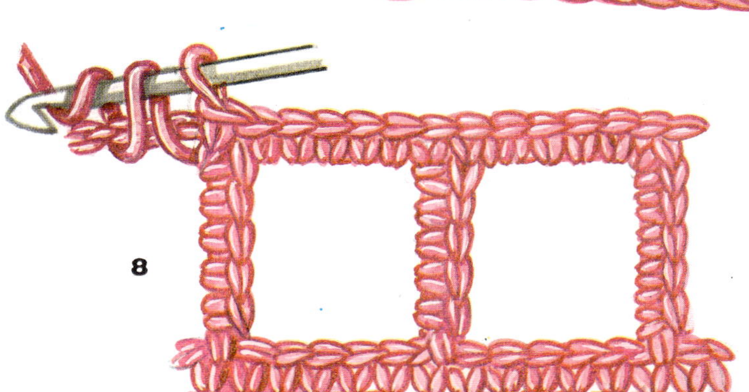

8

GRILLE GÉANTE

Faites une chaînette et 1 rang de m. s.

4 Crochetez 15 m.l., sautez 5 m. du rang précédent, 1 m.c. dans la m. suivante pour former l'armature de l'arceau.

5 (X) tournez l'ouvrage, 5 m.s. dans l'arceau en remontant, ce qui vous donne le 1er côté du carré.

6 Tournez l'ouvrage, 10 m.l., sautez 5 m., 1 m.c. dans la m. suivante.

7 Reprenez à (X), ceci jusqu'au bout du rang.

8 Au rang suivant, faites 5 m.s. dans la partie libre des arceaux et 1 m.s. au sommet de chaque branche verticale.

Pour les carrés suivants, refaites un rang de m.s. et reprenez en 4.

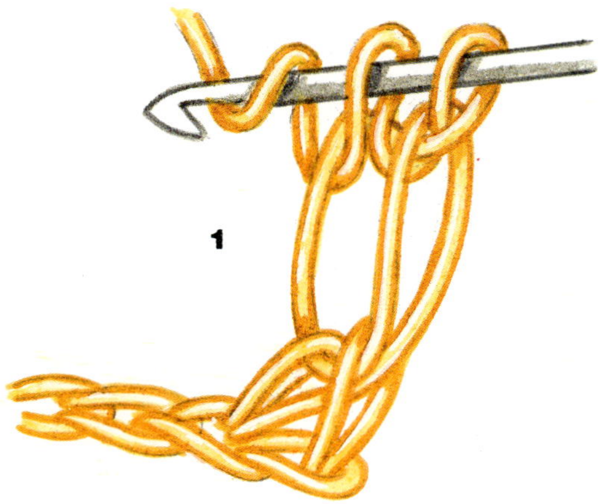

1

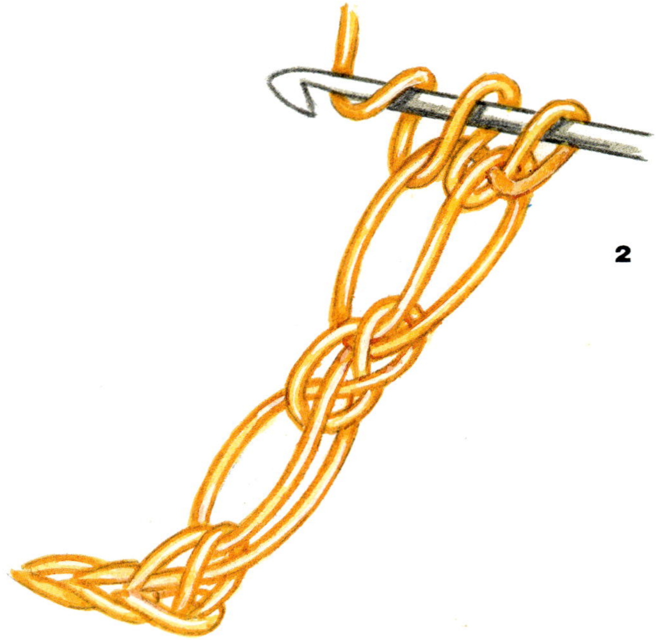

2

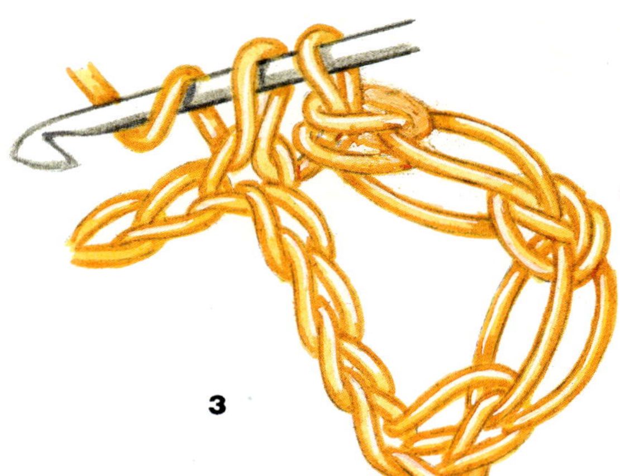

3

GRILLE JARDINIÈRE

Elle est formée de mailles en l'air allongées plus ou moins selon votre goût.
Faites une chaînette d'un nombre de m. multiple de 4 + 2.

1 **Premier rang :** sautez 1 m.l., 1 m.s. dans la m. suivante, puis 1 nœud simple ainsi : allongez la boucle qui est sur le crochet, 1 jeté, tirez une boucle, passez le crochet devant la boucle allongée et crochetez 1 m.s. sous le fil de gauche.

2 Formez un 2e nœud simple pour obtenir 1 nœud double.

3 Sautez 3 m. et 1 m.s. dans la m. suivante. ▶

4

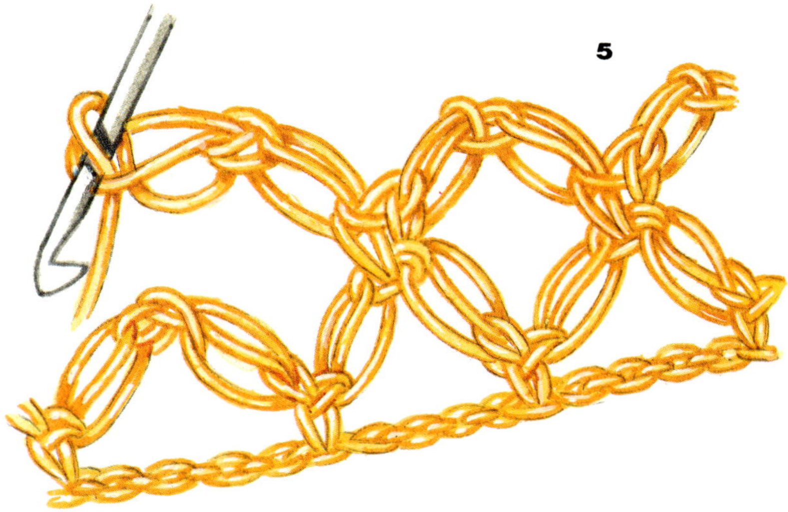

5

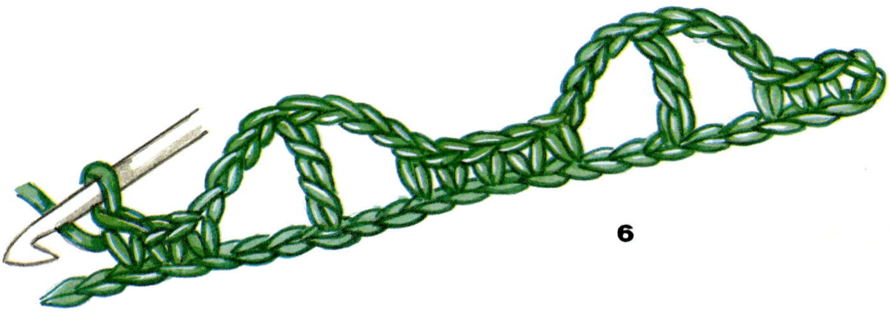

6

4 Continuez sur toute la longueur de la chaînette en terminant par 1 m.s. sur la dernière m.

5 Deuxième rang et les suivants : comme le 1er en commençant par 1 double nœud et en piquant les m.s. au milieu des doubles nœuds.

GRILLE HEXAGONE

Faites une chaînette d'un nombre de m. multiple de 10 + 2.

6 Premier rang : sautez 1 m., 3 m.s., (X) 4 m.l., sautez 2 m. de la chaînette, 1 D.B. dans la m. suivante, 4 m.l., sautez 2 m., 5 m.s., reprenez à (X) et à la fin du rang ne terminez que par 3 m.s. ▶

7

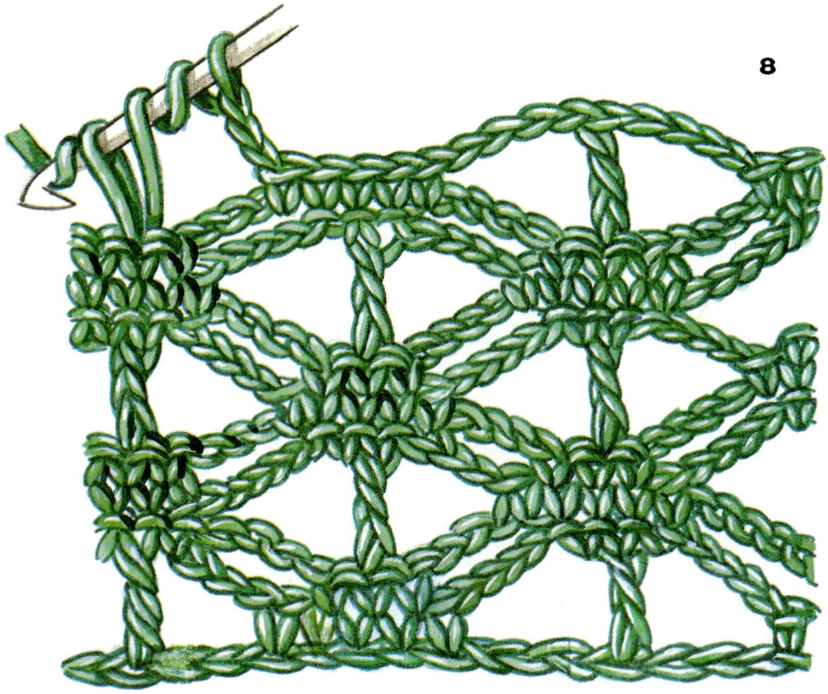

8

9

GRILLE HEXAGONE (suite)

7 Deuxième rang : 1 m.l., 2 m.s., (X) 4 m.l., 1 m.s. dans la m. l. précédant la D.B., 1 m.s. sur la D.B., 1 m.s. sur la m.l. suivante, 4 m.l., sautez 1 m.s. et crochetez 3 m.s., reprenez à (X) et ne terminez que par 2 m.s.

8 Troisième rang : 8 m.l., (X) 1 m.s. dans la dernière m.l. du 1er arceau, 3 m.s., 1 m.s. dans la 1re m.l. de l'arceau suivant, 4 m.l., 1 D.B. sur la 2e m.s. suivante, 4 m.l., reprenez à (X) en terminant par 1 D.B. sur la dernière m.

Quatrième rang : 1 m.l., 1 m.s. sur la D.B., (X) 1 m.s. sur la m.l. suivante, 4 m.l., sautez les m.l. et la 1re m.s., 1 m.s. sur chacune des 3 m. suivantes, 4 m.l., sautez la dernière m.s. et 3 m.l., 1 m.s. sur chacune des 2 m. suivantes (soit la m.l. et la D.B.), reprenez à (X).

Aux rangs suivants : continuez à décaler le groupe de m.s. sur chaque D.B.

POINT FILET

C'est un mélange de m.l. et de B. ne présentant aucune complication.

9 Faites une grille simple, sautez 6 m. de la chaînette, 1 B. dans la m. suivante, (X) 2 m.l., sautez 2 m., 1 B. dans la m. suivante, reprenez à (X). Pour former le dessin : 1 B. sur la B., 1 B. sur chacune des 2 m.l.. ►

10

11

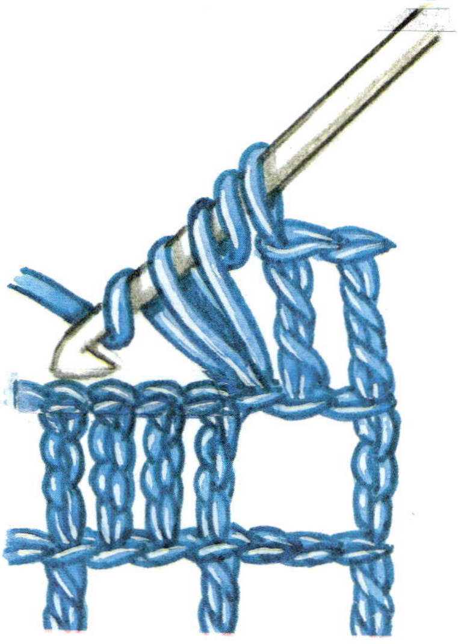

12

10 Ce travail peut se faire aussi sur grille de 1 B. et 1 m.l. Il suffit alors de faire pour les pleins 1 B. sur la m.l.
11 La hauteur de la grille est plus importante si vous travaillez en D.B. Ces D.B. peuvent être crochetées sous les m.l. des arceaux.
12 Travaillez en D.B. en piquant dans les m.l. des arceaux et non dessous. Ce procédé est un peu moins rapide mais donne un filet beaucoup plus régulier.

1

2

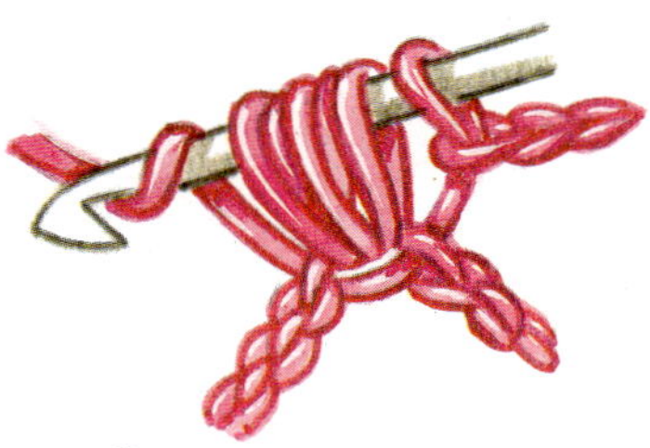

3

4

5

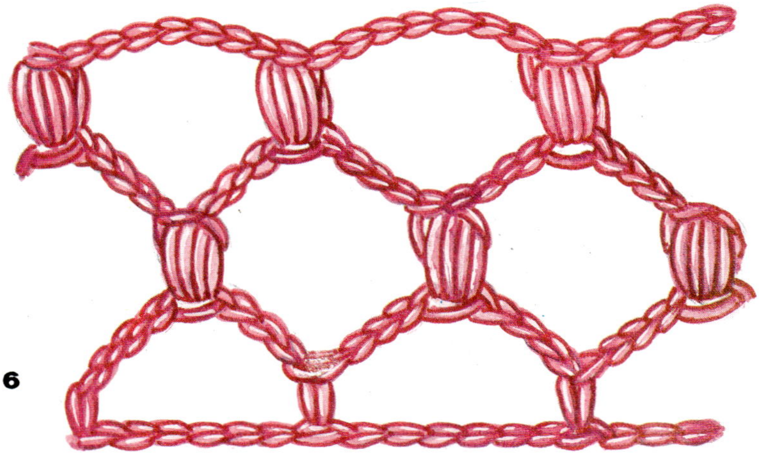

6

GRILLE À MOUCHETS

Faites une chaînette d'un nombre de m. multiple de 7 + 4.

1 Premier rang : sautez 10 m. de la chaînette, 1 m.s. dans la m. suivante, 7 m.l., sautez 6 m., 1 m.s. dans la m. suivante.

2 Deuxième rang : (X) 7 m.l., 1 mouchet dans la 4e m. de l'arceau de 7 m.l., reprenez à (X).

3/4/5 Pour le mouchet, piquez le crochet, 1 jeté, tirez 1 boucle, 1 jeté, piquez le crochet dans la même m., 1 jeté, tirez une boucle, ceci 3 fois de suite, 1 jeté, passez-le au travers de toutes les boucles qui sont sur le crochet.

6 Répétez toujours le 2e rang.

7

8

9

GRILLE À PICOTS

Faites une chaînette d'un nombre de m. multiple de 7 + 2.

7 Premier rang :
1 picot pour tourner (5 m.l. et 1 m.c. dans la 1re des 5 m.l.), (X) 3 m.l., 1 picot.

8 Faites 5 m.l., 1 picot, 3 m.l., sautez 5 m. de la chaînette, 1 m.s. dans la m. suivante, reprenez à (X) puis terminez par 2 m.l. pour tourner.

9 Deuxième rang :
même travail que pour le 1er rang en faisant la m.s. dans la 3e m.l. du groupe de 5 du rang précédent.

LA BORDURE AUX OISEAUX

Faites une chaînette de 82 m.l.
1er rang : sautez les 4 prem. m. de la chaînette et 1 D.B. dans chacune des 78 m. suiv.
2e rang : 3 m.l. pr tourner, sautez la prem. D.B., 1 D.B. sur chacune des 6 m. suiv., (X) 2 m.l., sautez 2 m., 1 D.B. sur chacune des 4 m. suiv., reprenez à (X) 12 f. en tt puis tournez.
3e rang : 6 m.l., sautez 4 m.l. et 1 D.B. ds chacune des 2 m.l. suiv. ceci pour augm. d'un arceau, 1 D.B. sur la D.B. suiv., (X) 2 m.l., sautez 2 D.B., 1 D.B. sur la D.B. suiv., 2 m.l., sautez 2 m.l., 1 D.B. sur la D.B. suiv., reprenez à (X) 12 f. en tt puis term. par 2 m.l., sautez 2 D.B. et 1 D.B. sur chacune des 4 dern. m.
4e rang : 3 m.l., sautez la 1re D.B., 1 D.B. sur chacune des 6 D.B. suiv., 2 m.l., sautez 2 m.l., 1 D.B. sur la D.B., 1 D.B. ds chacune des 2 m.l., 1 D.B. sur la D.B., (X) 2 m.l., sautez 2 m.l. et 1 D.B. sur la D.B., reprenez à (X) 22 f. en tt puis term. par 1 D.B. sur chacune des 3 dern. m.
5e rang : 6 m.l., sautez 4 m.l. et 1 D.B. ds chacune des 2 m.l. suiv. ceci pr l'augm., 1 D.B. sur la D.B. suiv., 2 m.l., sautez 2 D.B., 1 D.B. sur la D.B. suiv., (X) 2 m.l., sautez 2 m.l., 1 D.B. sur la D.B. suiv., reprenez à (X) 6 f. en tt, 1 D.B. ds chacune des 2 m.l. suiv. puis 1 D.B. sur la D.B., crochetez à la suite 18 arceaux de 2 m.l. et 1 D.B. puis term. par 1 D.B. sur chacune des 3 dern. m.
Cont. à travailler en suiv. la grille en formant 1 nouvelle augm. aux 7e et 9e rangs, 1 dim. aux 11e et 13e rangs (pr les dim., crochetez 1 m.s. sur les 4 prem. D.B. puis faites 3 m.l. pr comm. le r.), 1 augm. aux 17e et 19e rangs, etc.
Après avoir crocheté la 5e feuille, soit à 80 cm de haut., terminez par le dernier motif.
Tendez la bordure sur une planche à l'aide d'épingles, repassez, apprêtez-la et laissez-la sécher avant d'enlever les épingles.

FOURNITURES

60 g de cordonnet spécial D.M.C. nº 20 blanc.
Un crochet à dentelle nº 1.

POINTS EMPLOYÉS

Maille en l'air (m.l.)
Double bride (D.B.)

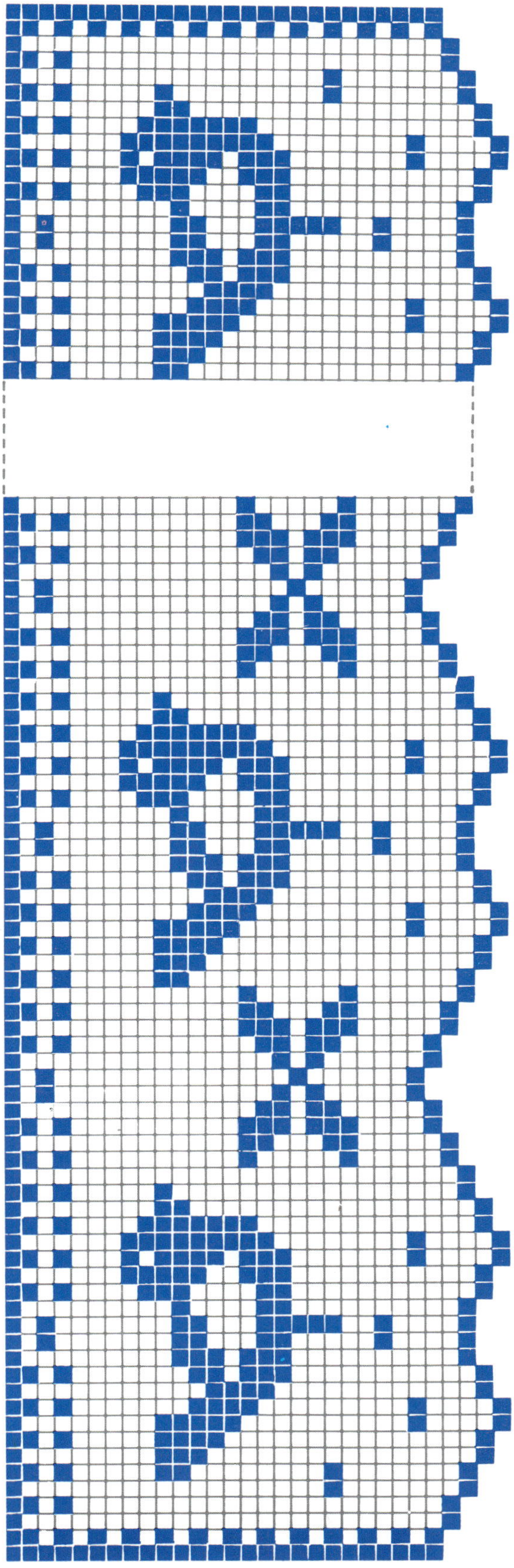

Début du travail

ECHANTILLON

Un carré de 10 cm de côté = 19 carreaux en largeur et 20 en hauteur.
Les explications sont données pour une bande de 89 cm. Pour obtenir une bande plus longue, ajoutez un ou plusieurs motifs, celui-ci mesurant 15 cm.

Travail en Rond

LE TRAVAIL EN ROND

Le travail en rond permet de réaliser des ouvrages tubulaires sans coutures et est utilisé pour un grand nombre de motifs ronds, carrés, etc. Une chaînette de mailles en l'air fermée en cercle en est toujours le départ.
La marche du travail est alors indiquée en tours et non plus en rangs. Chaque tour commencé par une ou plusieurs mailles en l'air est fermé par une maille coulée. Les augmentations ne se font plus en début ou en fin de rang mais sont disposées régulièrement à chaque tour.

LE CERCLE DE DEPART

1 Crochetez une chaînette de 5 m. l. ou plus et piquez le crochet dans la 1re m., jetez le fil sur le crochet et coulez-le au travers de la m. et de la boucle.

LE ROND

2 Sur un cercle de départ, faites 3 m. l., 1 B. en piquant ds le cercle.

3 Continuez en B. et terminez en crochetant 1 m. c. ou 1 m. s. dans la 3e m. l. de départ pour fermer le tour.

4 Faites 3 m. l., 1 B. entre les 2 premières m., 2 B. entre chaque m. suivante et terminez par 1 m. c. dans la 3e m. l. de départ.

LE CARRÉ

5 Faites un cercle de départ de 7 m. l.
Premier tour : 12 m. s. dans le cercle et 1 m. c. pour commencer.
Deuxième tour : 2 m. s. dans chaque m. et 1 m. c. pour fermer.
Troisième tour : 3 m. l., 5 B., (X) 2 m. l., 6 B., reprenez à (X) puis terminez par 1 m. l. et 1 m. s. dans la 3e m. l. de départ.
Quatrième tour : 3 m. l., 1 B. ds le dernier arceau, (X) 5 B. en piquant entre les B., 1 groupe de 2 B., 2 m. l. et 2 B. dans l'arceau suivant, reprenez à (X) 3 fois en tout puis terminez par 5 B., 2 B. dans l'arceau, 1 m. l. et 1 m. s. dans la 3e m. l. de départ.
Cinquième tour : comme le 4e en crochetant 8 B. entre les groupes d'angle.
Sixième tour : tout en m. s. en piquant dans le brin arrière de chaque m. Arrêtez.

1

2

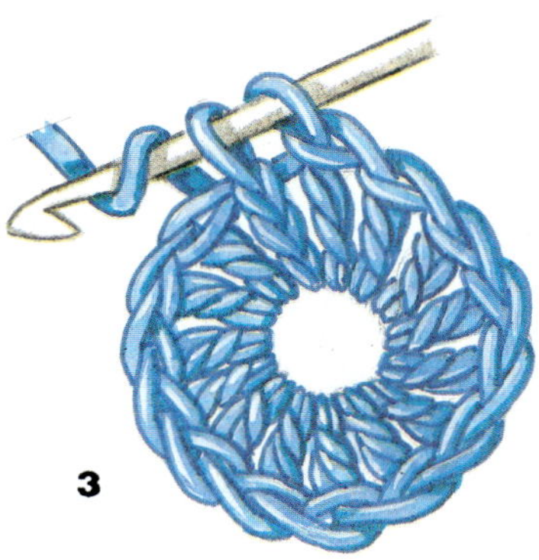
3

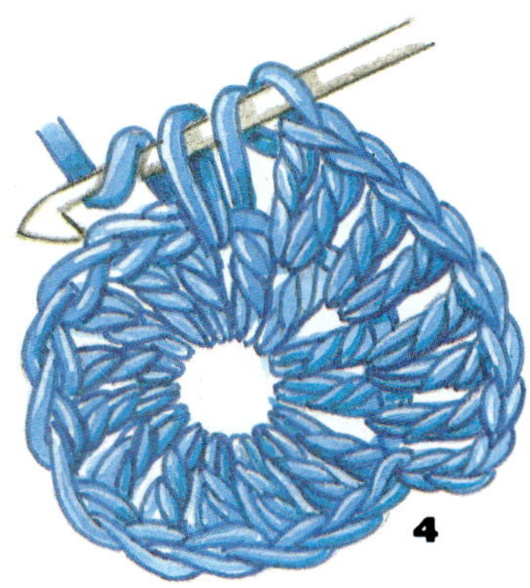
4

5

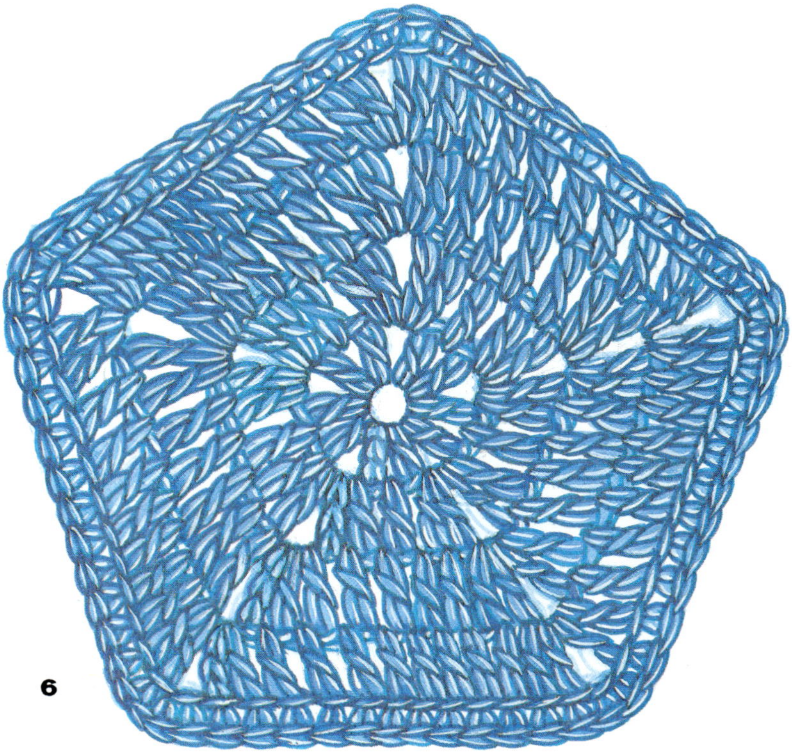

6

LE PENTAGONE

6 Faites un cercle de départ de 6 m.l.

Premier tour : 3 m. l., 1 B. dans le cercle, (X) 2 m. l., 2 B. dans le cercle, reprenez à (X) 4 fois en tout puis terminez par 1 m. l. et 1 m. s. dans la 3e m. l. de départ.

Deuxième tour : 3 m. l., 1 B. dans l'arceau, (X) 1 B. entre les 2 B., 1 groupe de 2 B., 2 m. l. et 2 B. dans l'arceau, reprenez à (X) 4 fois en tout puis terminez par 1 B. entre les 2 dernières B., 2 B. ds l'arceau, 1 m. l. et 1 m.s. dans la 3e m. l. de départ.

Troisième tour : comme le 2e tour en crochetant 4 B. entre les groupes d'angle.

Quatrième tour : comme le précédent mais en crochetant 7 B. entre les groupes d'angle.

Cinquième tour : tout en m.s. en piquant dans le brin arrière de chaque m. Arrêtez.

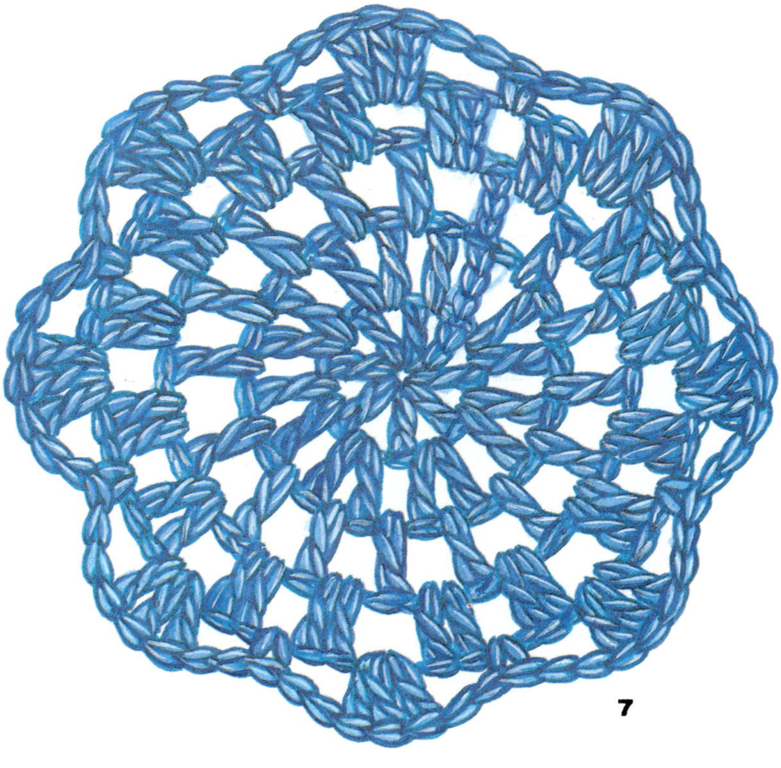

7

LE GRAND ROND

7 Faites un cercle de départ de 4 m. l.

Premier tour : 4 m. l., 7 B. dans le cercle et 1 m. c. dans la 3e m. l. de départ.

Deuxième tour : 1 m. c. dans le 1er arceau, 4 m. l., 1 B. dans le même arceau, (X) 1 m. l., 1 groupe de 1 B., 1 m. l. et 1 B. dans l'arceau suivant, reprenez à (X) 7 fois en tout et terminez par 1 m. c. dans le 3e m. l. de départ.

Troisième tour : 1 m. c. dans le 1er arceau, 5 m. l., (X) 1 B. dans l'arceau suivant, 2 m. l., reprenez à (X) et terminez par 1 m. c. dans la 3e m. l. de départ.

Quatrième tour : 1 m. c. dans le 1er arceau, 3 m. l., 1 B. dans le même arceau, (X) 2 m. l., 2 B. dans l'arceau suivant, 1 m. l., 2 B. dans l'arceau suivant, reprenez à (X) et terminez par 1 m. c. dans la 3e m. l. de départ.

Cinquième tour : 1 m. c. sur la 1re B. et 1 m. c. dans l'arceau, 3 m. l., 2 B. dans le même arceau, (X) 2 m. l., 1 m. s. dans l'arceau d'1 m. l., 2 m. l., 3 B. dans l'arceau de 2 m. l., reprenez à (X) et à la fin du rang, terminez par 1 m. c. dans la 3e m. l. de départ. Arrêtez.

FLEUR A QUATRE PETALES

1 Faites 5 m.l., fermez-les en cercle et crochetez 16 m.s. dans le cercle. Crochetez alors les 4 pétales ainsi : (X) 1 m.s. dans la 1re m., 1 d.b. et 1 B. dans la 2e m., 2 D.B. dans la 3e m., 1 B. et 1 d.b. dans la 4e m., reprenez à (X) 4 fois en tout et terminez par 1 m.c. sur la 1re m.s.

FLEUR A SEPT PETALES

2 Dans un cercle de 5 m.l., crochetez 12 m.s. et 1 m.c. sur la 1re m.s. Crochetez 2 autres tours de m.s. en répartissant 8 augmentations à chaque tour puis 1 tour ainsi : (X) 1 m.s. dans la 1re m., 4 m.l., sautez 3 m., reprenez à (X) 7 fois en tout puis terminez par 1 m.c. sur la 1re m.s. Dans chaque arceau, crochetez 1 m.s., 1 d.b., 3 B., 1 d.b. et 1 m.s. puis terminez par 1 m.c. sur la 1re m.s.

FLEUR A DOUZE PETALES

3 **Premier tour :** dans un cercle de 5 m.l., crochetez 12 m.s. et 1 m.c. sur la 1re m.s.
Deuxième tour : 5 m.l., sautez 1 m., (X) 1 B. dans la m. suivante, 2 m.l., sautez 1 m., reprenez à (X) 5 fois en tout puis 1 m.c. dans la 3e m.l. de départ.
Troisième tour : dans chaque arceau crochetez 1 m.s., 1 d.b., 2 B., 1 d.b. et 1 m.s. puis 1 m.c. sur la 1re m.s.
Quatrième tour : (X) 1 m.s. sur la d.b., 3 m.l., sautez 2 m., reprenez à (X) 12 fois en tout puis terminez par 1 m.c. sur la 1re m.s.
Cinquième tour : dans chaque arceau crochetez 3 m.s., 1 picot (3 m.l. et 1 m.c. dans la 1re de ces m.l.) et 3 m.s. puis terminez par 1 m.c. sur la 1re m.s.

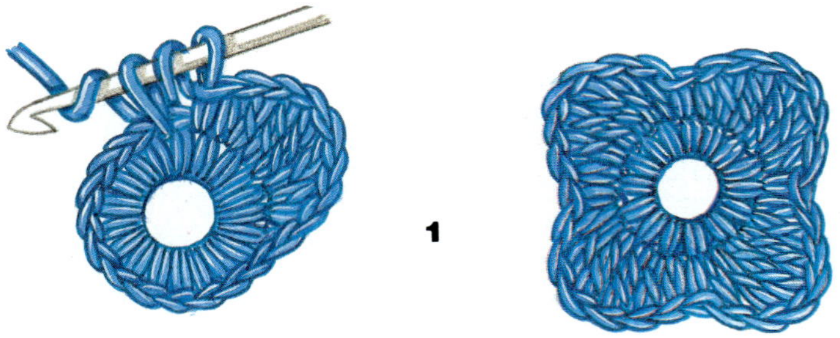

1

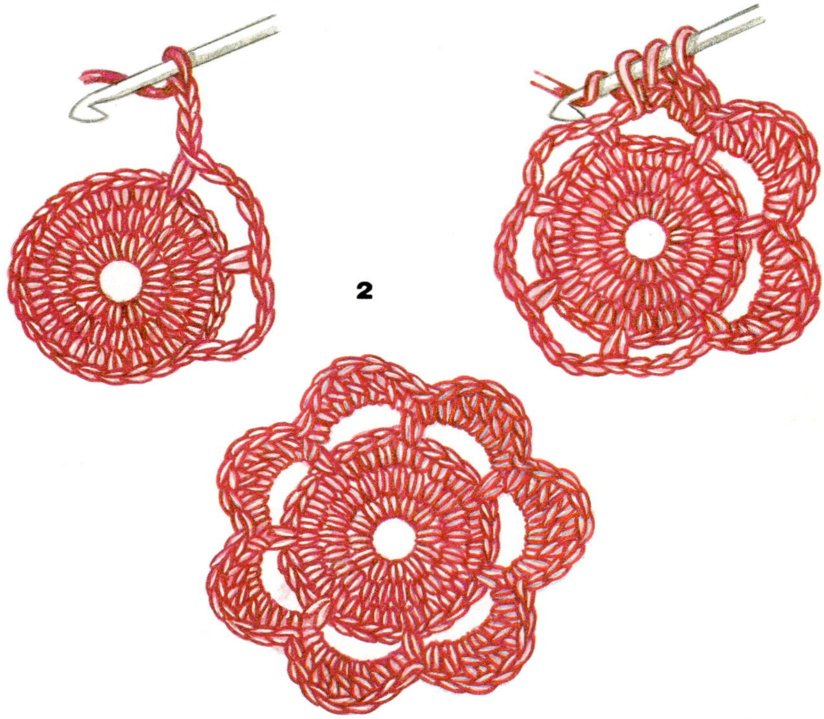

2

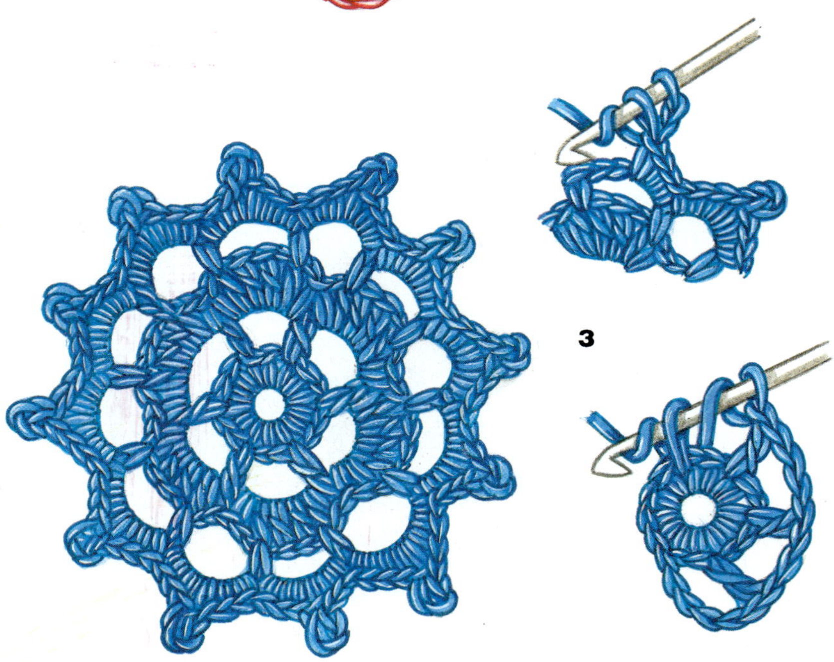

3

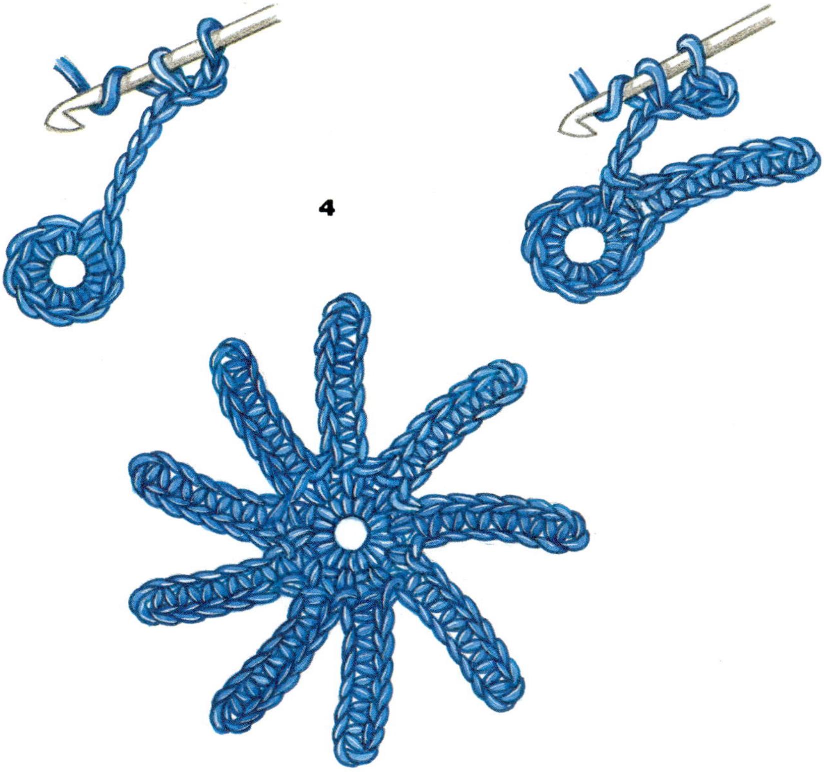

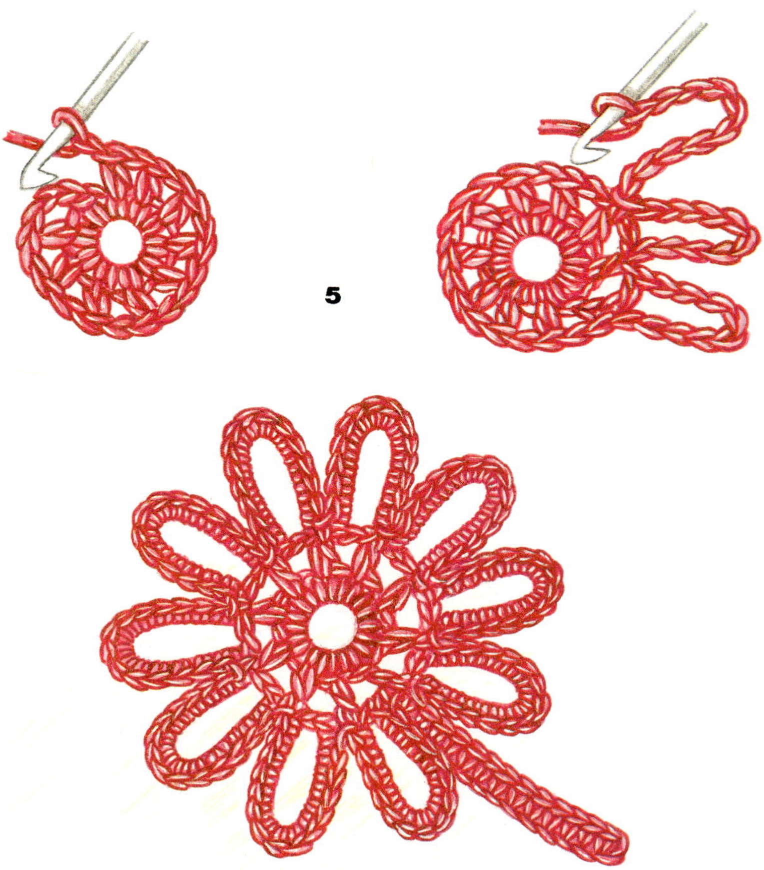

MARGUERITE

4 Dans un cercle de 5 m.l., crochetez 9 m.s. puis réalisez 9 pétales ainsi : 1 m.s. dans la 1re m.s., 8 m.l., 1 m.s. dans la 3e m.l. en partant du crochet, 1 m.s. dans chacune des 5 m.l. suivantes, reprenez à (X) 9 fois en tout.

FLEUR A TIGE

5 **Premier tour :** dans un cercle de 5 m.l., crochetez 10 m.s. puis 1 m.c. sur la 1re m.s.

Deuxième tour : 3 m.l., (X) 1 d.b. sur la m.s. suivante, 1 m.l., reprenez à (X) 9 fois en tout puis terminez par 1 m.c. dans la 2e m.l. de départ.

Troisième tour : (X) 10 m.l., 1 m.c. sur la d.b. suivante, reprenez à (X) 9 fois en tout. Pour la tige, crochetez à la suite 14 m.l., 1 m.s. dans la 3e m.l. en partant du crochet et 1 m.s. dans chacune des 11 m. suivantes.

Quatrième tour : crochetez (X) 1 m.c. dans la même m. que la m.c. du tour précédent, 14 m.s. dans l'arceau, reprenez à (X) 9 fois en tout puis 1 m.c. pour fermer.

LE COUSSIN ROMANTIQUE

Faites une chaînette de 12 m.l. que l'on ferme pr former un cercle et trav. en tournant.
1er tour : 3 m.l. (comptant pr 1 B.), (X) 1 B. ds le cercle, 1 picot (3 m.l. et 1 m.c. sur la B.) et 1 B. ds le cercle, reprenez à (X) 11 f. en tt puis term. par 1 B., 1 picot et 1 m.c. ds la 3e m.l. de départ pr fermer ;
2e tour : 1 m.c. ds ch. des 2 prem. m.l. du 1er picot, (X) 8 m.l. et 1 m.s. ds le picot suiv., reprenez à (X) 11 f. en tt puis term. par 4 m.l. et 1 D.B. ds la 2e m.c. de départ pr fermer ;
3e tour : 3 m.l. et 2 B. sous la D.B. de fermeture du tour précédent, (X) 1 groupe de 3 B., 4 m.l. et 3 B. ds l'arceau suiv., reprenez à (X) 11 f. en tt puis term. par 3 B. ds l'arceau de départ, 2 m.l. et 1 B. ds la 3e m.l. de départ pr fermer ;
4e tour : 4 m.l. et 2 D.B. sous la B. de fermeture du tour précédent, (X) 1 groupe de 3 D.B., 1 m.l., 1 picot (3 m.l. et 1 m.c. ds la prem. des 3 m.l.), 1 m.l. et 3 D.B. ds l'arceau suivant, reprenez à (X) 11 f. en tt puis term. par 3 D.B. ds l'arceau de départ, 2 m.l., 1 B. ds la 4e m.l. de départ pr fermer et 1 picot comme au 1er tour ;
5e tour : (X) 8 m.l. et 1 m.s. ds le picot suivant., reprenez à (X) 11 f. en tt puis term. par 8 m.l. et 1 m.c. ds le dern. picot ;
6e tour : 3 m.l., 1 B. ds ch. des 2 prem. m.l. du 1er arceau, 1 picot (3 m.l. et 1 m.c. sur la B.), 2 f. (1 B. ds ch. des 3 m.l. suiv. et 1 picot), (X) 1 B. sur la m.s. suiv., 1 B. ds ch. des 2 prem. m.l. de l'arceau suiv., 1 picot, 2 f. (1 B. ds ch. des 3 m.l. suiv. et 1 picot), reprenez à (X) 11 f. en tt puis term. par 1 m.c. ds la 3e m.l. de départ pr fermer ;
7e tour : 1 m.c. sur ch. des 2 B. suiv. et ds ch. des 2 prem. m.l. du picot, (X) 10 m.l. et 1 m.s. ds le picot suiv., reprenez à (X) 35 f. en tt puis term. par 5 m.l. et 1 D.B. ds la 3e m.c. de départ pr fermer ;
8e tour : comme le 3e tour mais en répétant 35 f. les explications entre les 2 (X) ;
9e tour : comme le 4e tour mais en répétant 35 f. les explications entre les 2 (X) ;
10e tour : (X) 5 m.l. et 1 m.s. ds le picot suiv., reprenez à (X) 35 f. en tt puis term. par 5 m.l. et 1 m.c. ds le dern. picot ;
11e tour : 3 m.l., 1 B. ds ch. des 3 prem. m.l. du 1er arceau, 1 picot, (X) 1 B. ds ch. des 4 m. suiv. (m.l. ou m.s.) et 1 picot, reprenez à (X) 53 f. en tt puis term. par 1 m.c. ds la 3e m.l. de départ pr fermer ;
12e tour : 1 m.c. sur ch. des 2 B. suiv. et ds ch. des 2 prem. m.l. du picot, (X) 12 m.l. et 1 m.s. ds le picot suiv., reprenez à (X) 53 f. en tt puis term. par 6 m.l. et 1 D.B. ds la 4e m.c. de départ pr fermer ;
13e tour : comme le 3e tour mais en répétant 53 f. les explications entre les 2 (X) ;
14e tour : comme le 4e tour mais en répétant 53 f. les explications entre les 2 (X) ;
15e tour : (X) 4 m.l. et 1 m.s. ds le picot suiv., reprenez à (X) 53 f. en tt puis term. par 4 m.l. et 1 m.c. ds le dern. picot ;
16e tour : 3 m.l., 1 B. ds ch. des 4 m.l. du prem. arceau, 1 picot, (X) 1 B. ds ch. des 5 m. suiv. (m.l. ou m.s.) et 1 picot, reprenez à (X) 53 f. en tt puis term. par 1 m.c. ds la 3e m.l. de départ pr fermer ; arrêtez.
Coupez 2 disques de tissu blanc de 49 cm de diamètre, piquez-les en réservant une ouverture pr le bourrage. Retournez le coussin, bourrez-le et fermez l'ouverture. Repassez légèrement le dessus crocheté et fixez-le par des pts glissés en laissant libre le dernier tour.

FOURNITURES

Il faut, pour la réalisation du dessus de coussin mesurant 47 cm de diamètre, 100 g de coton mercerisé à tricoter blanc.
Un crochet n° 2 1/2.

POINTS EMPLOYÉS

Maille en l'air (m.l.)
Maille coulée (m.c.)
Maille serrée (m.s.)
Bride (B.)
Double bride (D.B.)
Demi-bride (d.b.)

Points Noués

De volume plus ou moins important selon le fil employé et le nombre de points qui les composent, ils donnent à votre ouvrage un relief décoratif, qu'ils soient utilisés en semis ou en masse. De leur régularité d'exécution dépend la beauté de l'ouvrage. Sachez, avant de commencer, qu'ils demandent davantage de fil qu'un point plat.

1

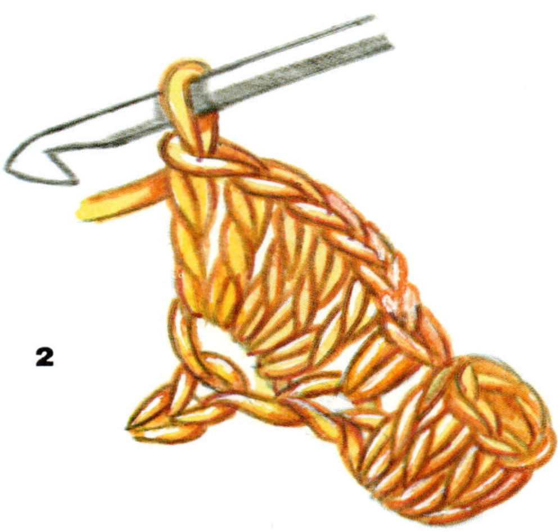
2

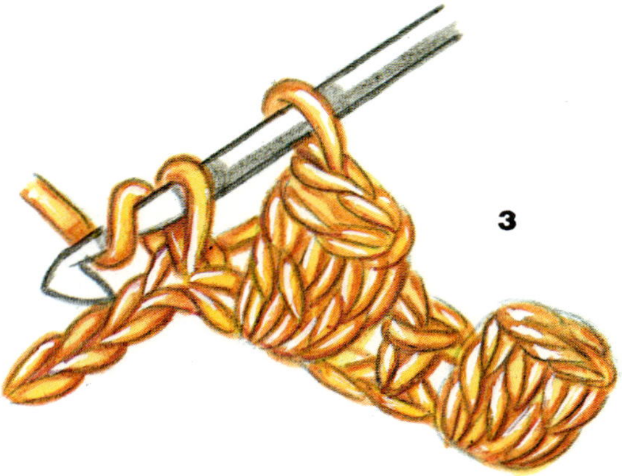
3

POINT BOULES

Se fait sur une base de m.s. ou de d.b.

1 Faites 1 m.s., (X) 1 m.l., 5 B. dans la m. suivante, lâchez la boucle, piquez le crochet sous la m.l., raccrochez la boucle.

2/3 Passez la boucle sous la m.l., 1 m.s. dans la m. suivante, reprenez à (X).

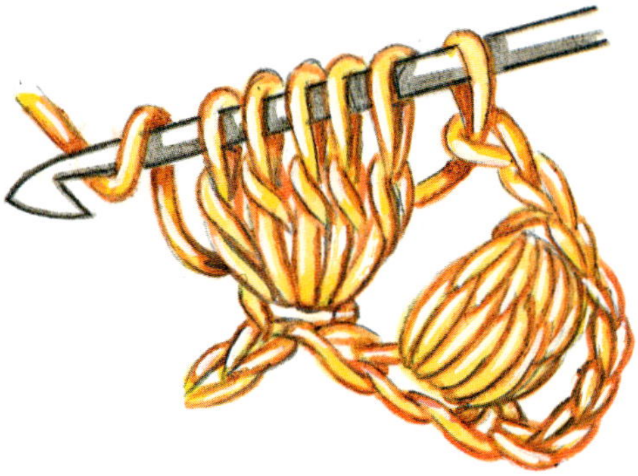

4

5

6

7

POINT D'ANANAS

Sur une chaînette ou un rang précédent :

4 Premier rang :
(X) 1 jeté, piquez le crochet dans une m., 1 jeté, tirez 1 boucle, 1 jeté, passez-le au travers de 2 boucles, reprenez à (X) 5 fois en tout, 1 jeté, passez-le au travers des 6 boucles qui sont sur le crochet.

5 1 m.l., sautez 1 m. de la chaînette et reprenez à (X).

6/7 Aux rangs suivants :
faites les points d'ananas sur les m.l. du rang précédent (fig. 6) ou sous ces m.l. (fig. 7).

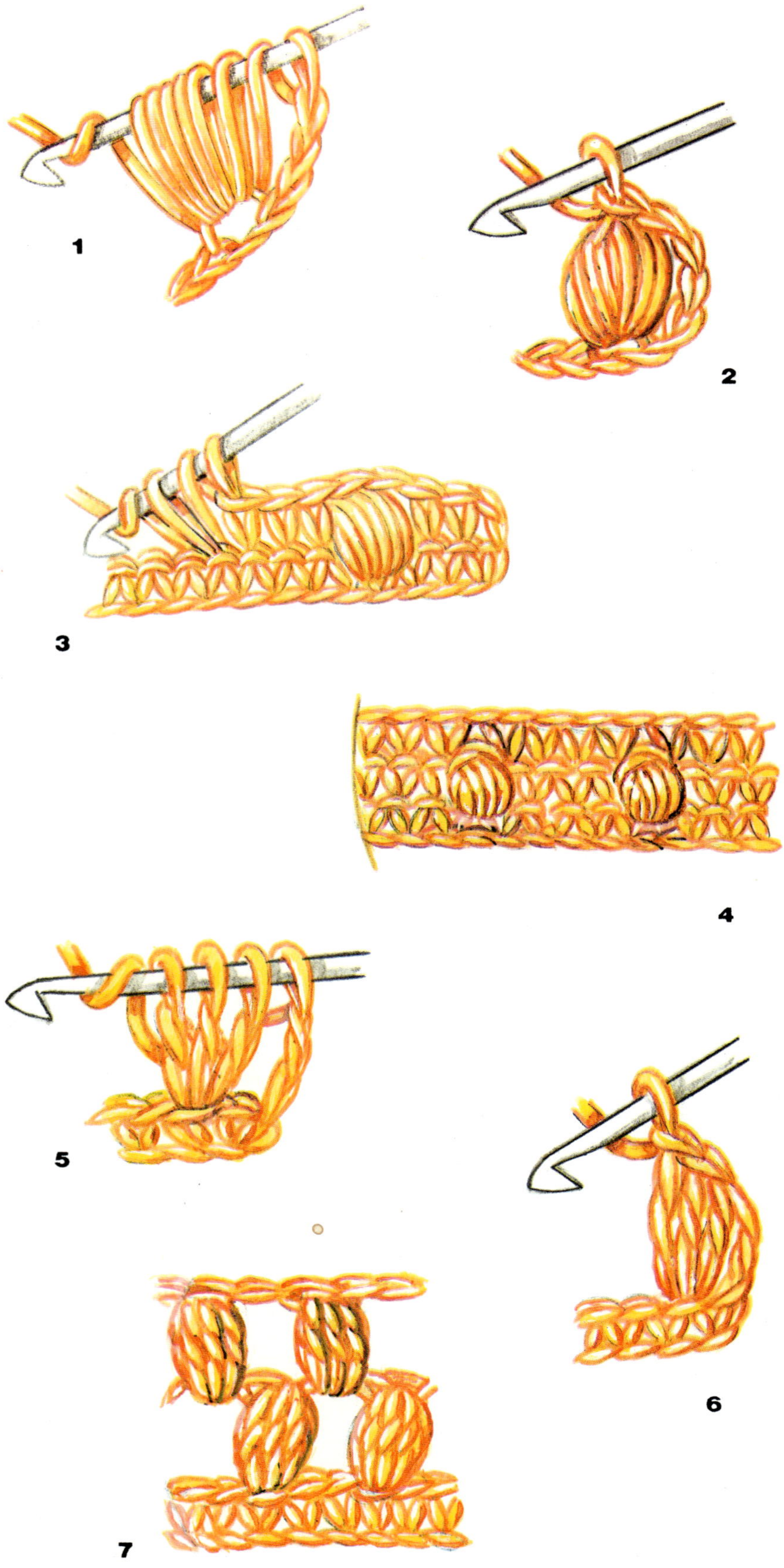

COMMENT FAIRE UN MOUCHET

1 (X) 1 jeté, piquez le crochet dans 1 m., 1 jeté, tirez 1 haute boucle, reprenez à (X) 5 fois en tout.
2 1 jeté, passez-le au travers de toutes les boucles.

SEMIS DE MOUCHETS

3 Sur une base de m.s., 3 m.l., (X) 1 mouchet, 3 m.s., reprenez à (X).
4 Au rang suivant, crochetez 1 m.s. sur chaque m.s. et sur chaque mouchet. Les mouchets seront répétés tous les 2 rangs les uns au-dessus des autres ou disposés en quinconce.

PETITS MOUCHETS

5 Faites (X) 1 jeté, piquez le crochet dans 1 m., 1 jeté, tirez une boucle, 1 jeté, passez-le au travers des 2 premières boucles, reprenez à (X) 3 fois en tout en piquant toujours dans la même m., 1 jeté.
6 Passez le jeté au travers des 4 boucles.

GRILLE DE PETITS MOUCHETS

7 Sur une base de m.s.. (X) 2 m.l., sautez 2 m., 1 mouchet dans la m. suivante, reprenez à (X). Au rang suivant, crochetez les mouchets sous les 2 m.l.

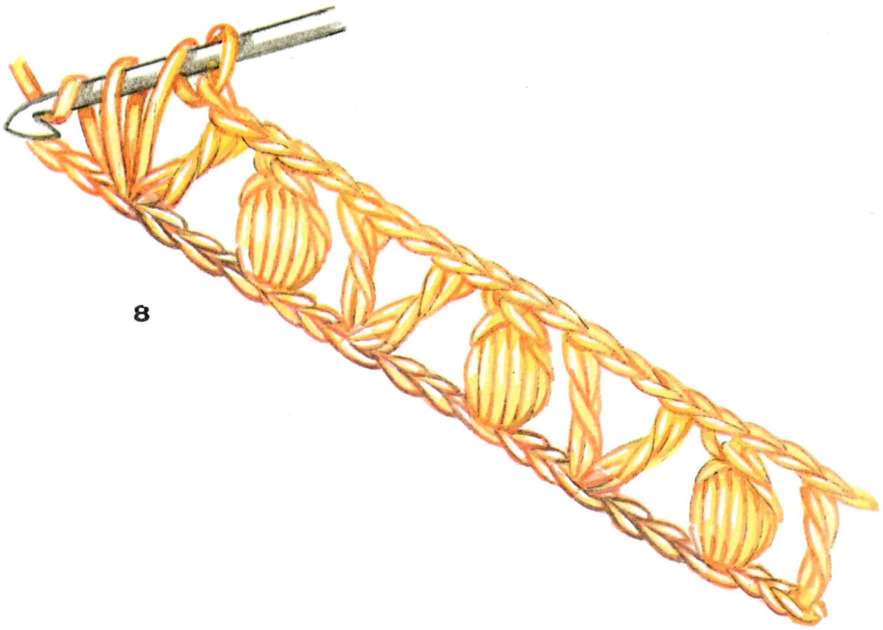

8

9

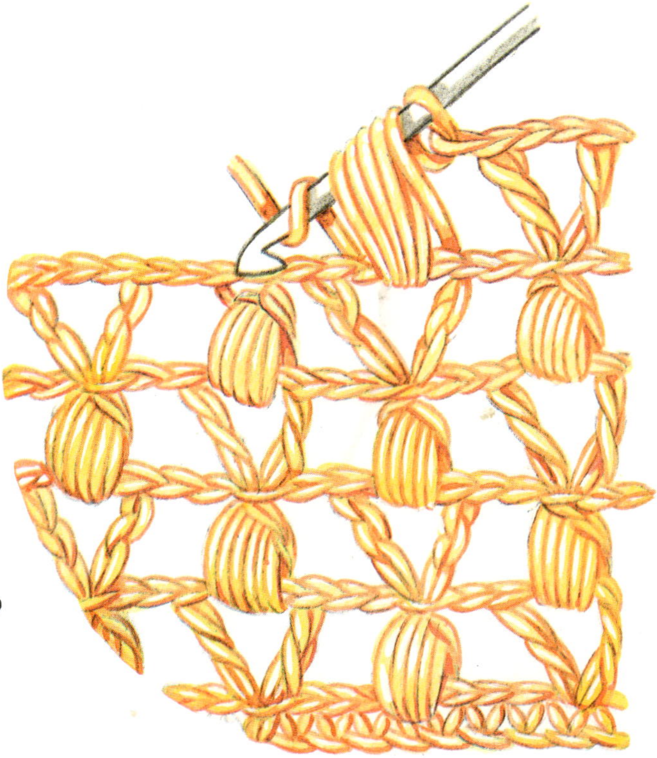

10

GRILLE A MOUCHETS

Sur une chaînette d'un nombre de m. multiple de 6 + 5.

8 Premier rang : sautez 4 m., 1 B. dans la m. suivante, 2 m.l., 1 B. dans la même m., (X) 1 m.l., sautez 2 m., 1 mouchet dans la m. suivante (faites 1 jeté, piquez le crochet dans une m., 1 jeté, tirez une boucle, répétez ce travail 4 f. en tout, 1 jeté, passez-le au travers des 8 premières boucles, 1 jeté, passez-le au travers des 2 boucles restantes), 1 m.l., sautez 2 m., 1 groupe de 1 B., 2 m.l. et 1 B. dans la m. suivante, reprenez à (X).

9 Deuxième rang : 4 m.l., (X) 1 mouchet entre les 2 B., 1 m.l., 1 groupe de 1 B., 2 m.l. et 1 B. sur le mouchet, 1 m.l., reprenez à (X) puis terminez par 1 mouchet et 1 B. sur la dernière m.

10 Troisième rang et les suivants : décalez les mouchets et les B. à chaque rang pour les placer en quinconce.

Un carré

Commencez par le centre, sur un anneau de fil enroulé 2 f. sur le doigt ou sur une chaînette de 6 m.l. que vous fermerez par 1 m.c. pr former un cercle, trav. en tournant :
1er tour : en piquant tjrs le crochet au centre du cercle, (X) 3 m.s., 3 m.l., reprenez à (X) encore 3 f. puis term. par 1 m.c. ds la 1re m.s. du début du tour (term. ainsi ts les tours suiv.) ;
2e tour : trav. en piquant le crochet ds le brin arrière de ch. m. ainsi que pr les tours suiv., (X) 2 m.s. sur la 1re m.s. du côté, 1 m.s. sur la m.s. suiv., 2 m.s. sur la m.s. suiv. et 3 m.l., reprenez à (X) encore 3 f. ;
3e tour : (X) 2 m.s. sur la 1re m.s. du côté, en piquant ds ch. des 3 m. suiv. faites 1 m.s., 1 N. et 1 m.s., puis 2 m.s. sur la 5e m. et 3 m.l., reprenez à (X) encore 3 f. ;
4e tour : (X) 2 m.s. sur la 1re m.s. du côté, 1 m.s. sur ch. des 5 m. suiv., 2 m.s. sur la dern. m.s. du côté et 3 m.l., reprenez à (X) encore 3 f. ;
5e tour : (X) 2 m.s. sur la 1re m.s. du côté, en piquant ds ch. des 7 m. suiv. faites 1 m.s., 1 N., 3 m.s., 1 N. et 1 m.s., puis 2 m.s. sur la dern. m.s. du côté et 3 m.l., reprenez à (X) encore 3 f. ;
6e tour : (X) 2 m.s. sur la 1re m.s. du côté, 1 m.s. sur ch. des 9 m. suiv., puis 2 m.s. sur la dern. m.s. du côté et 3 m.l., reprenez à (X) encore 3 f. Cont. ainsi en vous reportant au dessin à

1

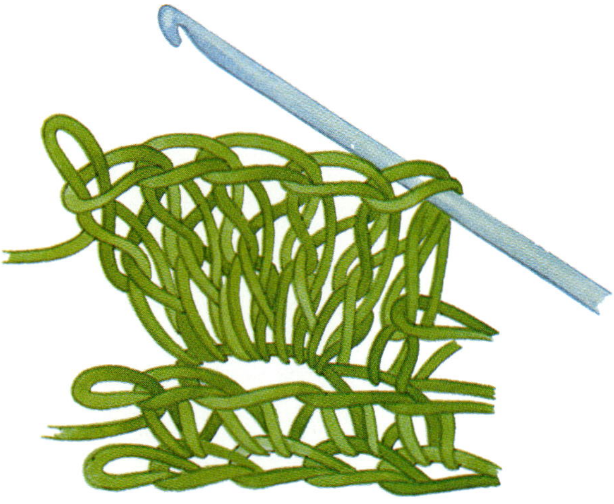

2

FOURNITURES :
3 kg de coton mat pour tricot.
Un crochet n° 3.

POINTS EMPLOYÉS :
Maille en l'air (m.l.)
Maille serrée (m.s.)
Bride (B.)
Maille coulée (m.c.)
Noisette (N.)

CENTRE DU CARRÉ

1 Pour former les angles de votre carré, travaillez ainsi :
en piquant le crochet au centre de l'anneau de fil, faites (X) 3 m.s., 3 m.l., reprenez à (X) 4 fois en tout. Chaque fois que vous crochetez 3 m.l., vous formez 1 angle de votre carré.

NOISETTE

2 1 m.l., 5 B. ds la m. suiv., sortez le crochet de la m.l., piquez sous la chaînette horizontale de la m.l., le repiquer ds la m. laissée en attente et faites passer celle-ci dans la m. qui est sur le crochet.

pts comptés en faisant tjrs 2 m.s. sur la 1re et la dern. m.s. de ch. côté du carré et en altern. 1 tour en m.s. et 1 tour en m.s. et en N. Au 36e tour, vous obtenez 73 m.s. sur ch. côté. Cassez le fil et arrêtez.

Boutons

Pour chacun des 25 boutons, comm. par le centre ; sur un anneau de fil enroulé 3 f. sur le doigt ou sur une chaînette de 4 m.l. que vous fermerez par 1 m.c. pr former un cercle, trav. en tournant.
En piquant le crochet tjrs au centre du cercle, faites 3 m.l. (= 1 B.) et 19 B. puis term. par 1 m.c. ds la 3e m.l. du début du tour pour fermer. Cassez le fil en gardant 10 cm, passez-le dans le brin arrière de la chaînette horizontale de chaque maille et tirez pour serrer.

Montage

Assemblez les carrés en 5 bandes de 5 carrés par un surjet ou par 1 tour de m.s. sur l'env. du trav. Cousez un bouton au centre de chaque carré.

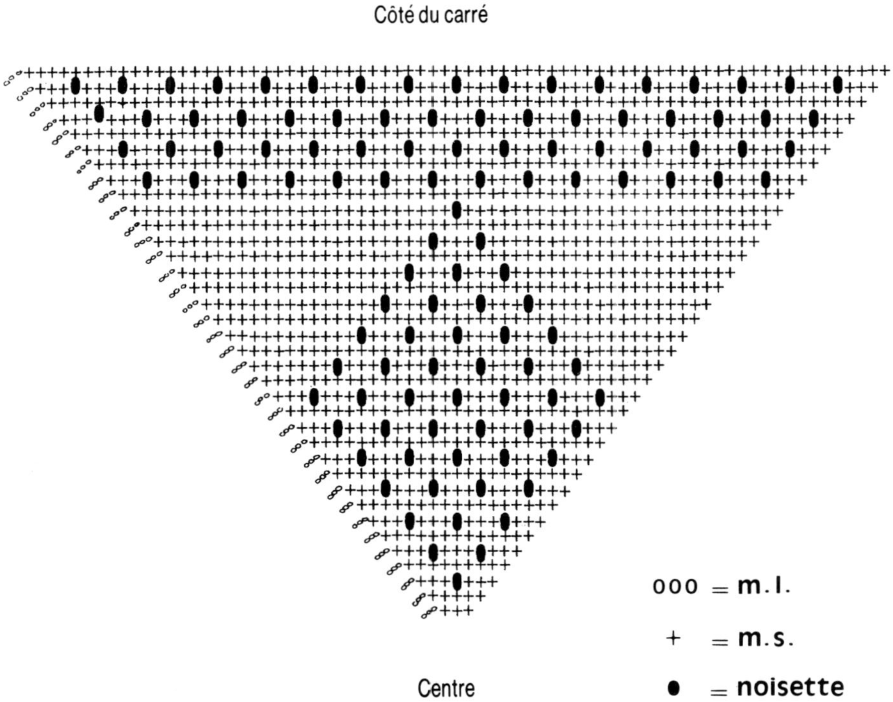

SCHÉMA

Chaque carré est crocheté en rond à partir du centre ; il est composé de 4 triangles identiques, la figure ci-contre représente le schéma d'exécution d'un de ces triangles.

Points
Dentelle

LES POINTS DENTELLE

Pour ajouter un petit air « rétro » à votre tricot, rendre plus habillée la brassière de bébé ou raffiner vos napperons, inspirez-vous des dentelles de nos aïeules en réalisant dans des points très simples de subtiles arabesques agrémentées de coquilles, de mouchets et de rubans.

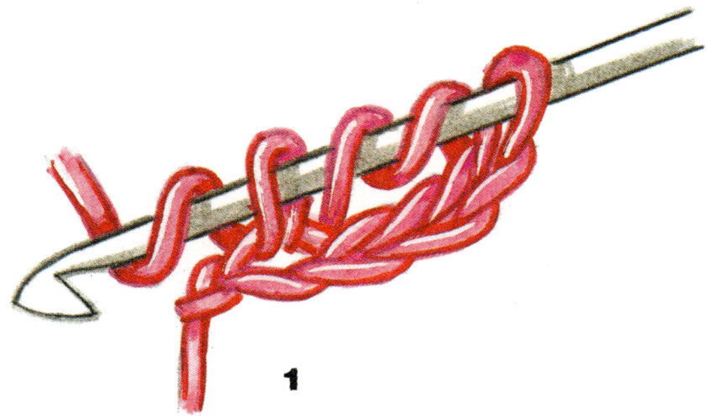

1

2

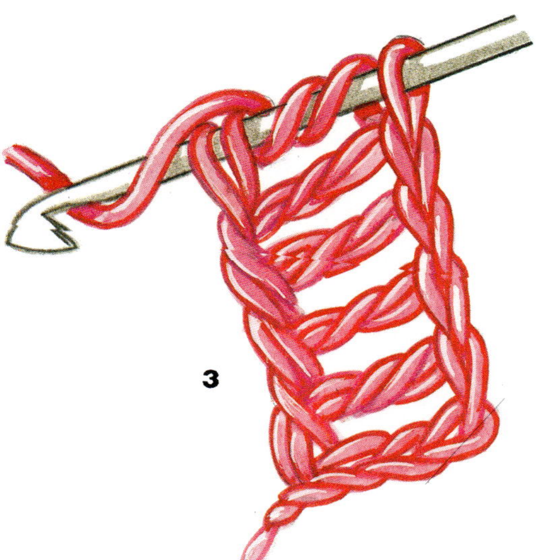

3

4

BRIDE DE BASE

Permet de réaliser rapidement le talon d'une dentelle.

1 Faites 4 m.l. et 1 D.B. dans la 1re de ces m.l.

2 (X) 2 jetés, piquez le crochet dans la partie inférieure de la D.B. précédente (soit sous le premier jeté et la m. levée), 1 jeté, tirez pour ramener une boucle, 1 jeté, passez-le au travers des 2 premières boucles et terminez la D.B.

3/4 Reprenez à (X).

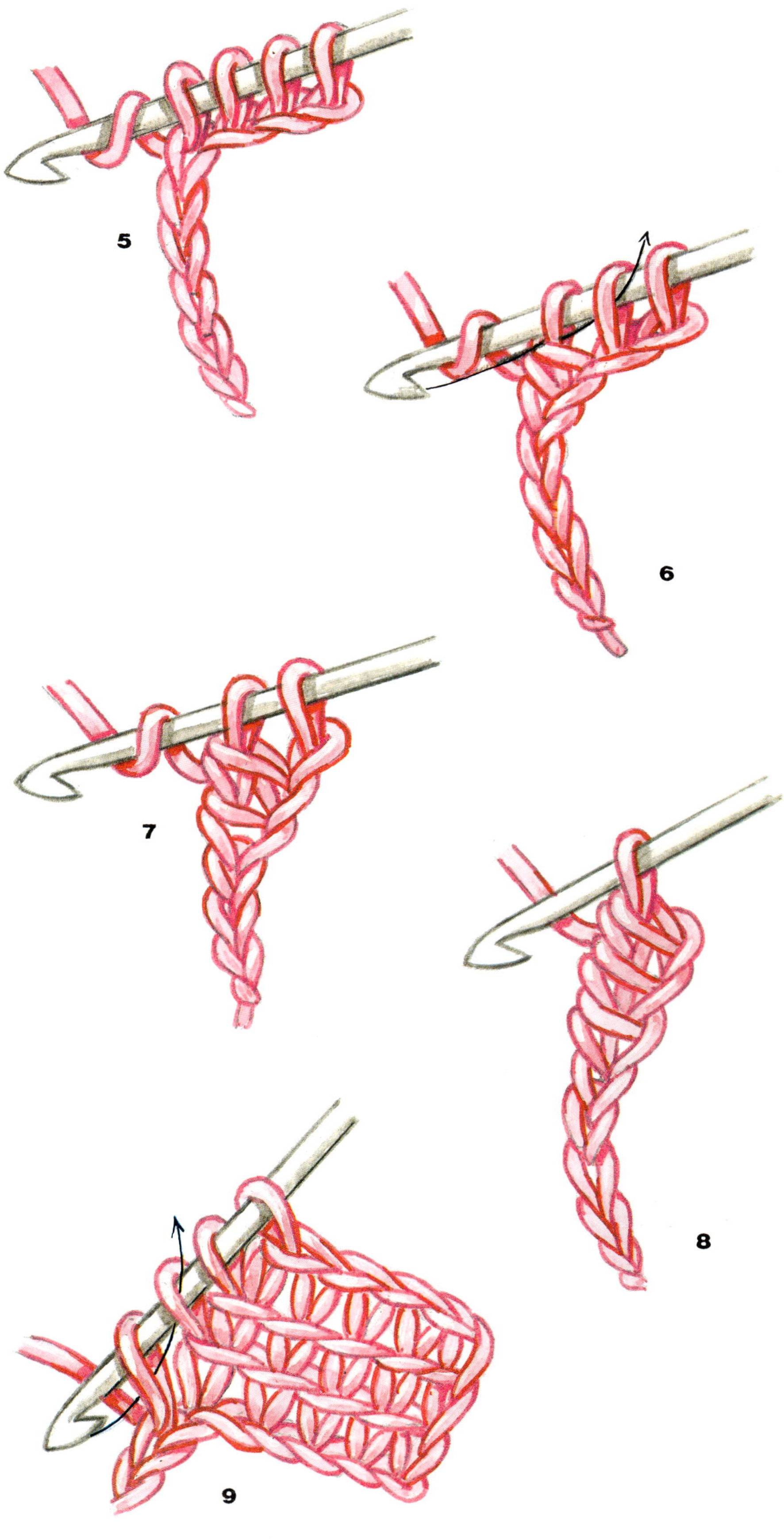

BRIDES RACCORDÉES

Faites une chaînette de la longueur nécessaire.

5 Sautez 1 m. de la chaînette, levez 1 boucle des 3 m. suivantes, 1 jeté.

6 (X) passez le jeté au travers des 2 premières boucles, 1 jeté.

7 Passez le jeté au travers des 2 boucles suivantes, 1 jeté.

8 Passez le jeté au travers des 2 dernières boucles.

9 Pour remonter les boucles suivantes, tirez la 1re boucle du 1er point horizontal puis la 2e boucle du 2e brin horizontal et enfin la 3e boucle de la m. suivante de la chaînette, 1 jeté et reprenez à (X).

Ces brides raccordées sont extrêmement résistantes et parfaites pour des galons. En faisant plus de boucles sur le crochet vous obtiendrez des bandes plus larges.

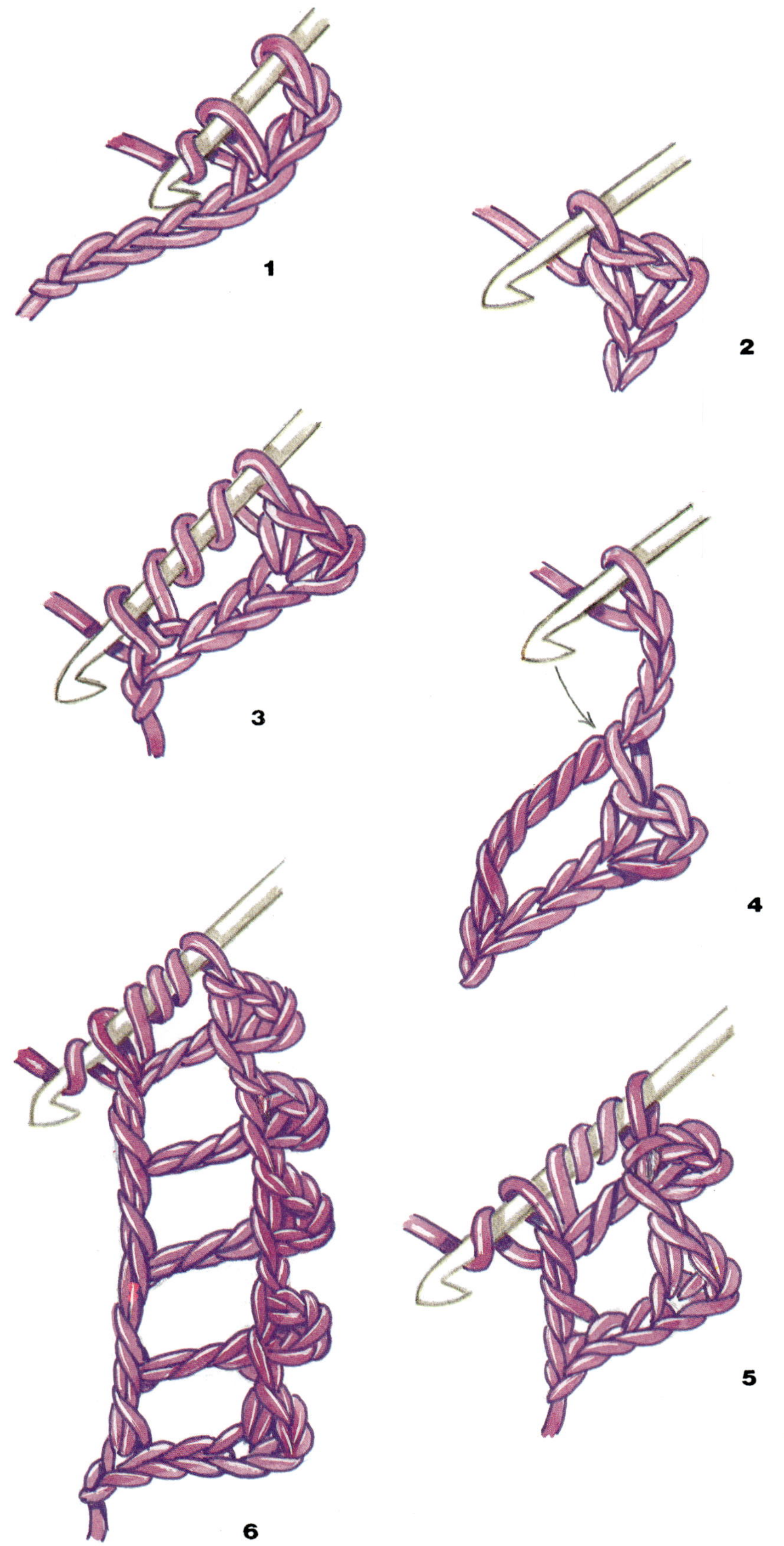

DENTELLE À PICOTS

Sans chaînette de départ.

1/2 Faites 7 m. l., 1 m. s. dans la 4e m.l.

3 Crochetez 1 T.B. dans la 1re des 7 m. l.

4 (X) 4 m. l. pour faire 1 picot.

5 Fermez le picot par 1 m.s., 1 T.B. en piquant le crochet dans le 2e des 3 jetés de la T.B.

6 Reprenez à (X) jusqu'à obtention de la longueur voulue.

7

8

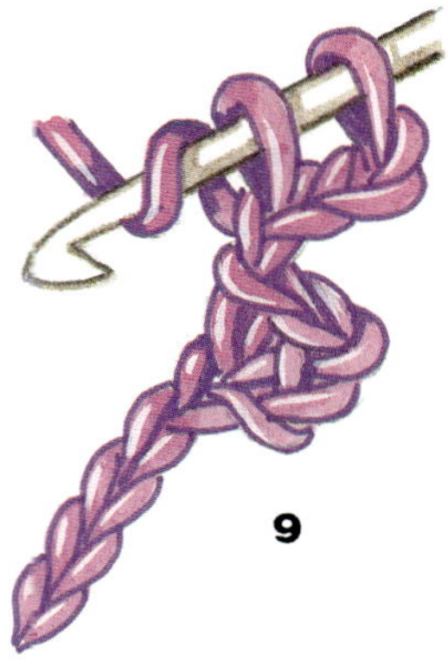

9

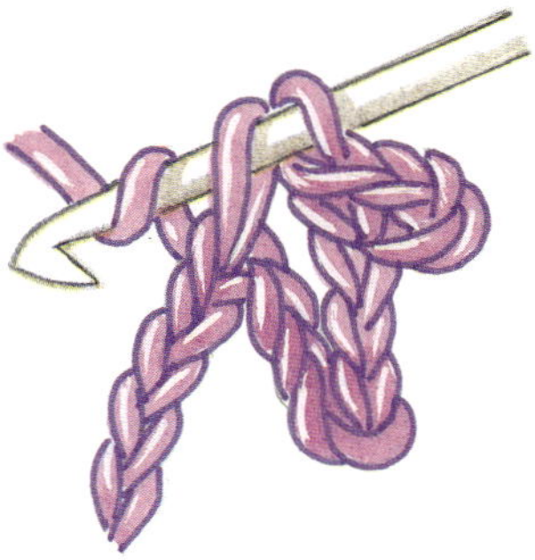

10

11

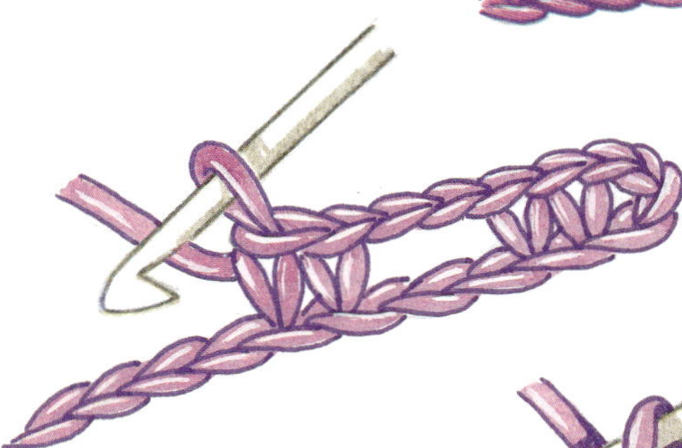

12

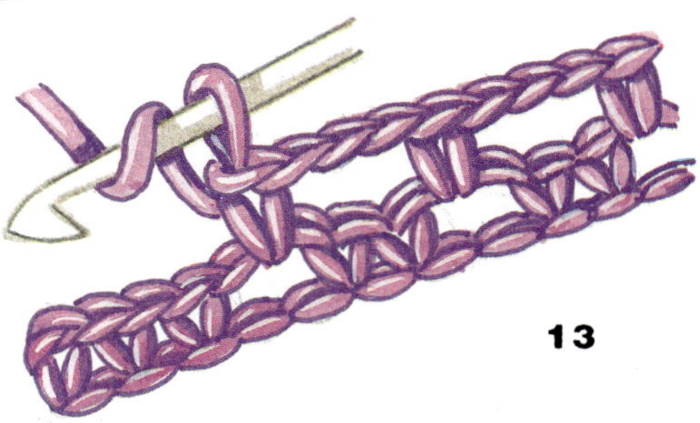

13

14

PETIT PICOT

Sur une chaînette.

7 Crochetez 1 m.s. dans la 2e m. l. à partir du crochet.

8/9 Faites 1 picot (3 m. l. et 1 m. s. dans la première de ces m.).

10 Sautez 2 m. de la chaînette et 1 m. s. dans la m. suivante.

11 Alternez 1 picot et 1 m.s.

POINT DE FESTON

Sur une chaînette.

12 Premier rang : 2 m.s., (X) 2 m.l., sautez 2 m. de la chaînette, 2 m. s., reprenez à (X).

13 Deuxième rang : (X) 1 m.s. dans l'arceau, 3 m. l., 1 m.s. dans l'arceau suivant, reprenez à (X).

14 Troisième rang : 4 m.s. dans chaque arceau de 3 m. l.

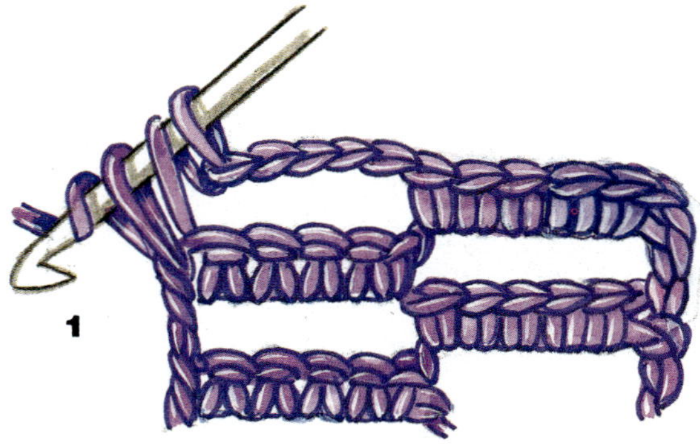

1

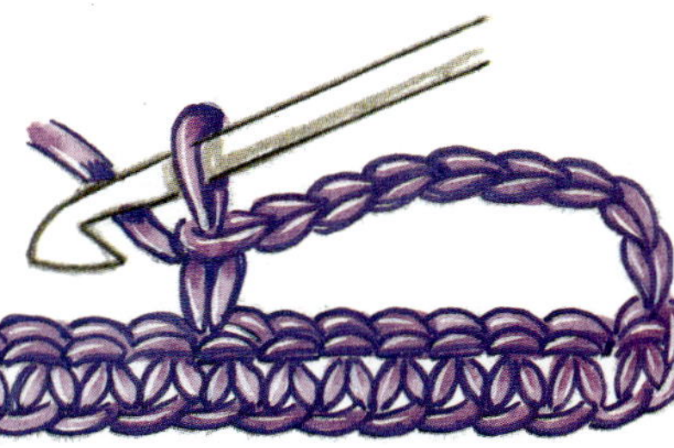

2

3

4

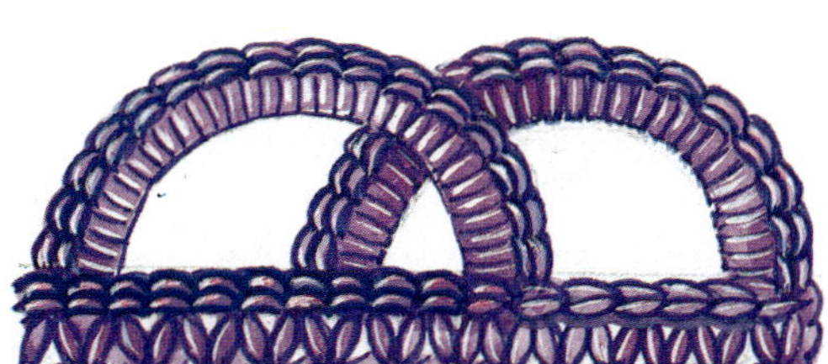

5

ENTRE-DEUX TOUT SIMPLE

1 Faites une chaînette de 12 m.l., sautez la 1re m., 1 m.s. dans chacune des 5 m. suivantes, 5 m.l. et 1 B. dans la dernière m. ; tournez, (X) 5 m.s. dans l'arceau, 5 m.l. et 1 B. dans la dernière m. ; tournez, 5 m.l., 5 m.s. dans l'arceau et 1 B. dans la dernière m.s. du rang précédent, reprenez à (X) autant de fois que nécessaire pour la longueur de l'entre-deux.

ARCADES EN ANNEAUX SUPERPOSÉS

Faites une chaînette d'un nombre de m. multiple de 4 + 2.

Premier rang : sautez 1 m. et 1 m.s. dans chaque m. suivante.

2 **Deuxième rang :** faites 1 m.s. dans la première m. (X) 10 m.l., sautez 7 m., 1 m.s. dans la m. suivante.

3 Tournez, 16 m.s. dans l'arceau.

4 Tournez, 1 m.c. dans chacune des 4 premières m. sautées du 1er rang pour arriver à mi-arceau.

5 Pour chaque arceau suivant, reprenez à (X) en les faisant chevaucher.

6

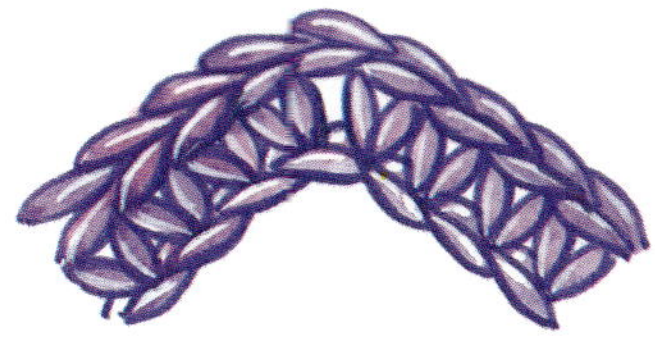

7

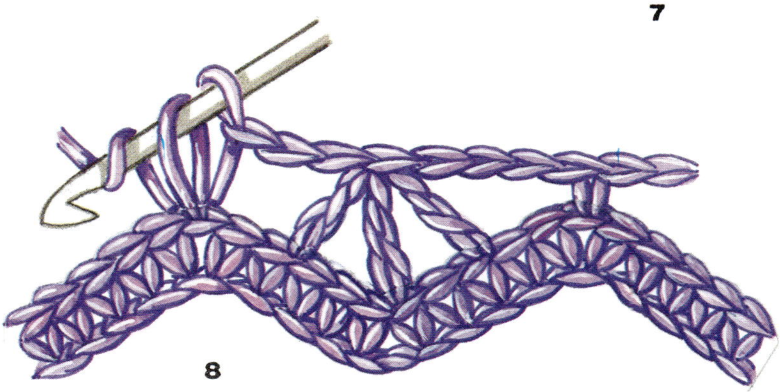

8

9

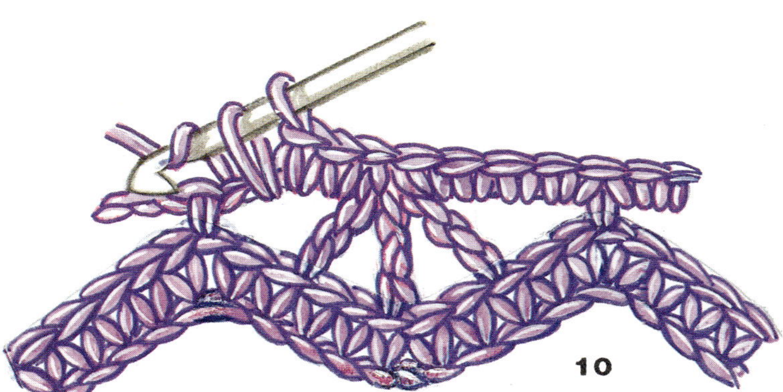

10

GALON PASSEMENTERIE

Sur une chaînette d'un nombre de m. multiple de 11 + 10.

6/7 Premier rang : sautez 1 m. de la chaînette, (X) 1 m.s. dans chacune des 5 m. suivantes, 2 m.l., 1 m.s. dans la même m. que la m.s. précédente, 1 m.s. dans chacune des 4 m. suivantes, sautez 2 m., reprenez à (X).

8/9 Deuxième rang : faites 4 m.l., 1 D.B. dans la 2e m.s., (X) 3 m.l., 1 m.s. au sommet du chevron, 3 m.l., 3 D.B. fermées ensemble en piquant 1 fois dans la 3e m.s., 1 fois au creux du chevron et 1 fois dans la 3e m.s. suivante, reprenez à (X) puis terminez par 3 m.l., 1 m.s., 3 m.l. puis 2 D.B. fermées ensemble en piquant dans la 3e m.s. et dans la dernière m.

10 Troisième rang : faites 4 m.s. dans chaque arceau et 1 m.s. sur chaque groupe de D.B.

Pour obtenir un entre-deux, faites ce 2e rang sur le côté opposé du chevron.

1

2

3

Les petits carrés

Un motif de base très simple dont vous pouvez facilement varier la grandeur en augmentant le nombre de mailles et de rangs et dont l'effet sera très différent selon le fil utilisé.
En galon ou en surface, c'est un travail facile donnant un joli résultat.

Carrés en galon

Faites une chaînette de 9 m.l.
1/2 Premier rang : sautez 1 m.l. et 1 m.s. dans chacune des 8 m. suivantes.
Deuxième rang et les suivants : 1 m.l. pour tourner et 1 m.s. sur chaque m. du rang précédent.
Après le 6e rang, faites 9 m.l. et reprenez au 1er rang du premier carré.

Carrés en surface

3/4 Crochetez une première bande de carrés comme pour le galon puis 1 m.c. sur chaque m. du dernier carré.
Faites ensuite (X) 4 m.l., 1 D.B. ou 1 T.B. à la jonction des 2 carrés, 4 m.l., 1 m.s. à la pointe du carré suivant, reprenez à (X) ceci jusqu'au dernier carré. Arrêtez.
Commencez une deuxième rangée de carrés ainsi : faites 8 m.l., 1 m.c. sur la 1re m.s., (X) crochetez un ►

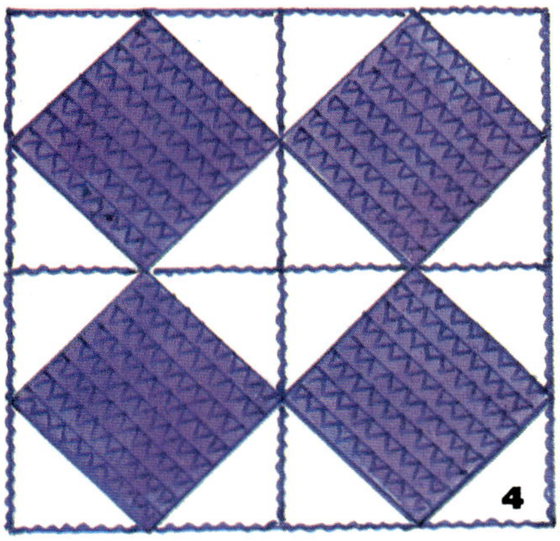

4

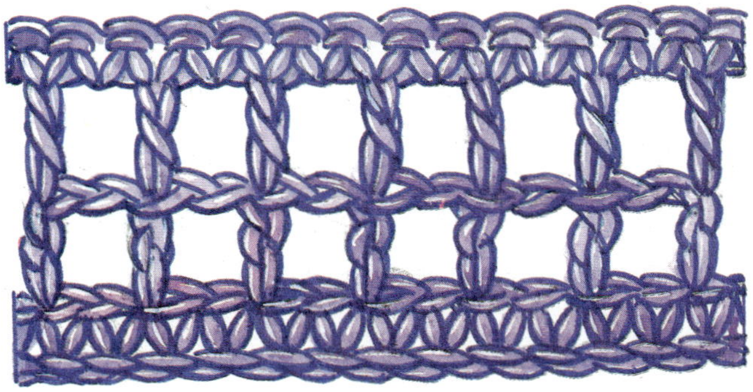

5

6

carré sur les 8 m.l., 1 D.B. ou 1 T.B. sur celle du rang précédent, 8 m.l., 1 m.c. sur la m.s. suivante, reprenez à (X).
Une fois la dernière rangée de carrés terminée, faites tout autour de l'ouvrage une bordure de m.l., m.s. et T.B. comme celle rattachant les carrés.

ENTRE-DEUX REBRODÉ

Sur une chaînette d'un nombre pair de m.
5 Premier rang : sautez 1 m., 1 m.s. dans chacune des m. suivantes.
Deuxième rang : 4 m.l., sautez les 2 premières m., 1 B. sur la m. suivante, (X) 1 m.l., sautez 1 m., 1 B. sur la m. suivante, reprenez à (X).
Troisième rang : 4 m.l., sautez la première B. et la m.l., (X) 1 B. sur la B., 1 m.l., sautez la m.l., reprenez à (X) puis terminez par 1 B. dans la m.l. suivante.
Quatrième rang : comme le 3e rang.
Cinquième rang : 1 m.l., 1 B. sur chaque m.l. et sur chaque B.
6 Rebrodez les deux lignes verticales du milieu de points lancés.

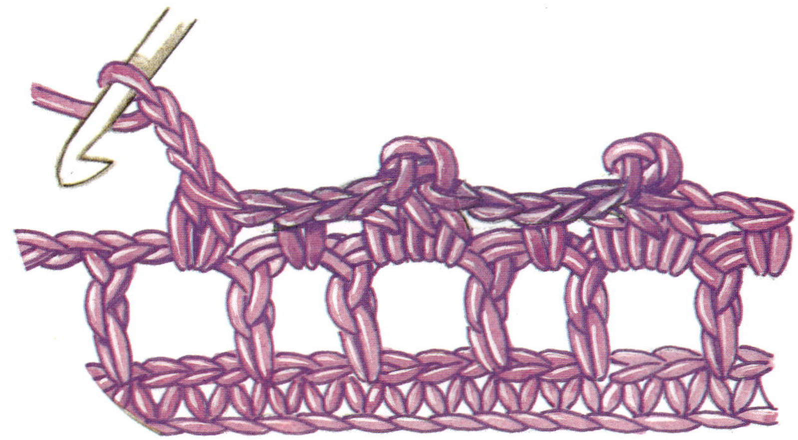

1

2

3

4

DENTELLE À TROU-TROU

Sur une chaînette d'un nombre de m. multiple de 6 + 5.

1/2 Premier rang : sautez la première m. de la chaînette et 1 m.s. dans les m. suivantes.

Deuxième rang : faites 5 m.l., sautez les 3 premières m.s., 1 B. dans la m. suivante, (X) 3 m.l., sautez 2 m., 1 B. dans la m. suivante, 2 m.l., sautez 2 m., 1 B. dans la m. suivante, reprenez à (X).

Troisième rang : faites 1 m.l., (X) 1 m.s. dans l'arceau de 2 m.l., 2 m.l., 2 d.b. dans l'arceau de 3 m.l. suivant, 3 m.l. et 1 m.c. au sommet de la dernière d.b. pour former un picot, 1 d.b. toujours dans le même arceau, 2 m.l., reprenez à (X) puis terminez par 1 m.s. dans le dernier arceau.

DENTELLE AVEC RUBAN

Sur une chaînette d'un nombre de m. multiple de 3 + 2.

3 Sautez 3 m. de la chaînette, 1 B. dans la m. suivante, (X) 3 m.l. et 1 m.c. au sommet de la B. pour former un picot, 1 B. dans chacune des 3 m. suivantes, reprenez à (X) puis terminez par 1 B. dans la dernière m.

4 Passez un ruban entre les B.

5

6

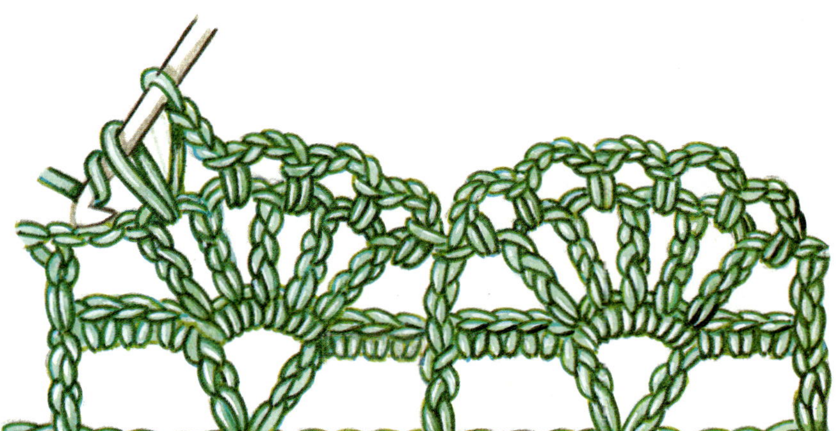

7

COQUILLE DENTELÉE

Sur une chaînette d'un nombre de m. multiple de 8 + 5.

5 Premier rang : sautez les 3 premières m. de la chaînette, 1 B. dans la m. suivante, (X) 3 m.l., sautez 3 m., un groupe de 1 B., 3 m.l. et 1 B. dans la m. suivante, 3 m.l., sautez 3 m., 1 B. dans la m. suivante, reprenez à (X) puis 1 B. dans la dernière m.

6 Deuxième rang : faites 1 m.l., 1 m.s. sur la 2e B., (X) 3 m.s. ds le premier arceau, 5 m.s. dans le deuxième et 3 m.s. dans le troisième, reprenez à (X) puis terminez par 1 m.s. sur la dernière B.

7 Troisième rang : faites 4 m.l., (X) sur le groupe de 5 m.s. crochetez 5 D.B. séparées chacune d'1 m.l., 1 m.l., 1 B. au-dessus de la B. du 1er rang, reprenez à (X).

Quatrième rang : faites 1 m.l., 1 m.s. sous la première m.l., (X) crochetez ensuite 3 m.l. et 1 m.s. sous la m.l. suivante ceci 5 f., 1 m.s. sous la m.l. suivante, reprenez à (X).

LE BRISE-BISE A COQUILLES

Après avoir fait un ourlet de 0,5 cm au bas du rideau, trav. ainsi :
1er rang : (envers du trav.) en piquant le crochet ds le tissu, trav. en m.s. en ayant soin d'avoir un nombre de m. multiple de 8 + 5.
2e rang : 3 m.l. (= 1 B.), (X) 3 m.l., sautez 1 m., 1 B. ds la m. suiv., reprenez à (X).
3e rang : 5 m.l., (X) 1 m.s. ds l'arceau suiv. de 3 m.l., 3 m.l., reprenez à (X) puis term. par 1 m.c. ds la 4e m.l. du début du rang précédent.
4e rang : 1 m.c. ds le 1er arceau de 3 m.l., 4 m.l. (= 1 T.B.), 5 m.l., (X) 2 T.B. fermées ens. en faisant chaque T.B. ds un arceau de 3 m.l., 5 m.l., reprenez à (X) puis term. par 1 T.B. ds le dern. arceau.
5e rang : 4 m.l. (= 1 D.B.), (X) un groupe de 1 D.B., un picot, 3 f. (2 D.B. et un picot) et 2 D.B. ds l'arceau suiv., puis 1 m.s. ds l'arceau suiv., reprenez à (X) mais en comm. le groupe par 2 D.B. Term. le rang en supprimant la dern. m.s. Arrêtez.

FOURNITURES :

Fil pour crochet de Phildar, qualité « Perlé nº 5 » (la quantité sera en fonction de la largeur de votre brise-bise).
Un crochet nº 18 en numérotation française ou 1,50 mm en numérotation internationale.

POINTS EMPLOYÉS :

Maille en l'air (m.l.)
Maille coulée (m.c.)
Maille serrée (m.s.)
Bride (B.)
Double bride (D.B.)
Triple bride (T.B.)
Deux triples brides fermées ensemble : (2 T.B. fermées ens.)
Picot : faites 3 m.l. puis 1 m.c. sur la 1re de ces m.

LE BRISE-BISE A FRANGES

Après avoir fait un ourlet de 0,5 cm au bas du rideau, trav. ainsi :
1er rang (envers du trav.) : en piquant le crochet ds le tissu, trav. en m.s. en ayant soin d'avoir un nombre de m. multiple de 8 + 1.
2e rang : 2 m.l. (= 1 d.b.) et 1 d.b. sur chacune des m.s. suiv.
3e rang : 1 m.l. pr tourner, 1 m.s. ds la 1re d.b., (X) 5 m.l., sautez 3 m., 1 m.s. ds la d.b. suiv., reprenez à (X) en faisant la dern. m.s. du rang ds la 2e m.l. du début du rang précédent.
4e rang : 1 m.l. pr tourner, (X) 9 m.s. ds le 1er arceau, 1 m.c. ds la m.s. suiv., 5 m.s. ds l'arceau suiv., 5 m.l., tournez le trav., 1 m.c. ds la 5e m.s. de l'arceau précédent de 9 m.s., tournez le trav., 7 m.s. ds l'arceau que l'on vient de former et à la suite 4 m.s. dans l'arceau à demi travaillé ; reprenez à (X) puis terminez par 1 m.c. dans la dernière m.s. et cassez le fil.
Formez des glands de 6 brins repliés en deux et fixez-les à chaque arceau en quinconce.

FOURNITURES :

Fil pour crochet de Phildar, qualité « Perlé nº 8 », la quantité sera en fonction de la largeur de votre brise-bise.
Un crochet nº 18 en numérotation française ou 1,50 mm en numérotation internationale.

POINTS EMPLOYES :

Maille en l'air (m.l.)
Maille coulée (m.c.)
Maille serrée (m.s.)
Demi bride (d.b.)

Guipure d'Irlande

La guipure d'Irlande est formée de motifs floraux, plats ou en relief, réunis entre-eux par une grille faite d'arceaux que l'on appelle fond ou bien réseau.
Les motifs sont commencés non pas sur une chaînette mais autour d'un gros bourdon que l'on utilisera également par la suite pour donner plus de relief au travail.
Le fil et le crochet utilisés pour la véritable dentelle d'Irlande sont extrêmement fins (n° 60). C'est un travail long et minutieux, et comme vous êtes sûrement très occupée et pressée, pourquoi ne pas utiliser ces motifs pour la réalisation de jolis pulls en laine ou en coton à tricoter, les effets obtenus seront raffinés et originaux.
Si vous trouvez la grille picot de fond trop ajourée pour un pull, appliquez vos motifs floraux sur un fond de mailles serrées ou de brides.

1

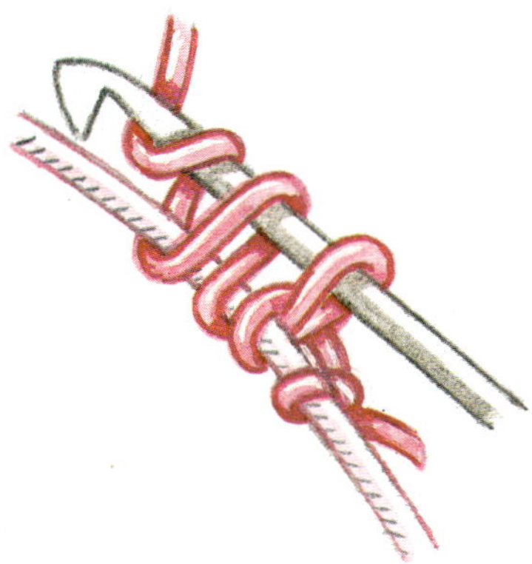

2

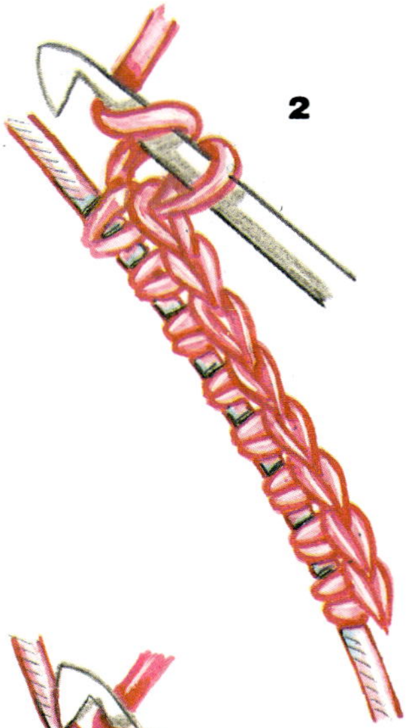

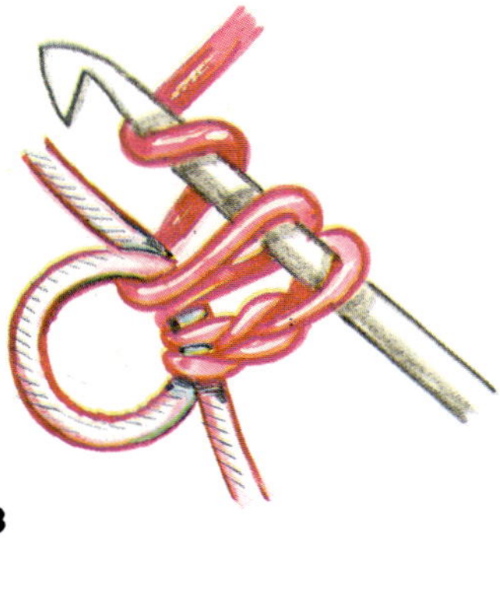

3

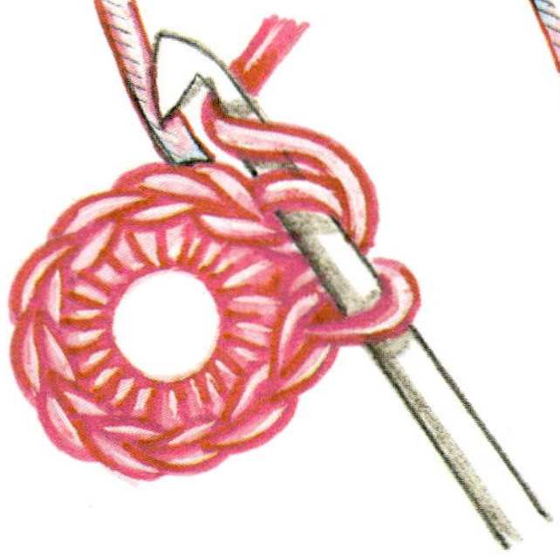

4

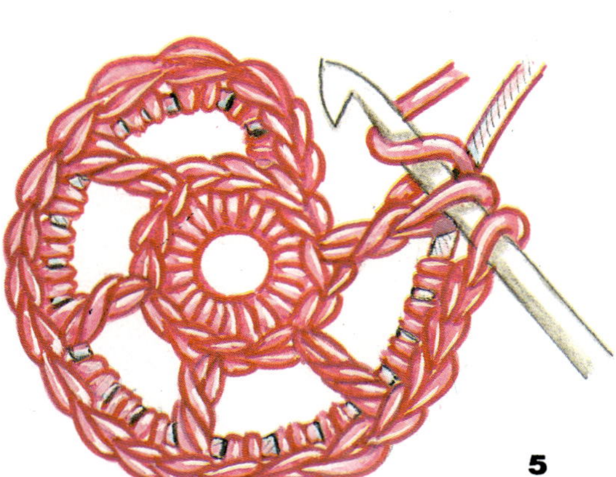

5

GUIPURE D'IRLANDE

1 Pour enserrer le bourdon : nouez le fil sur le bourdon et faites une maille serrée.
2 Travaillez en mailles serrées rapprochées pour bien enserrer le bourdon.

LA ROSE EN RELIEF

3 Faites un cœur : formez une boucle avec le bourdon et crochetez 1 m.s.
4 Crochetez 10 à 12 m.s. sur le bourdon. Fermez en rond par une m.c. reliant la première à la dernière m. du rang.
5 Sur le bourdon, faites la base des pétales ainsi : 1 B. dans une m. du cœur, 3 m.l. (6 fois en tout) et terminez par 1 m.c. dans la 3e m.l. du début. ►

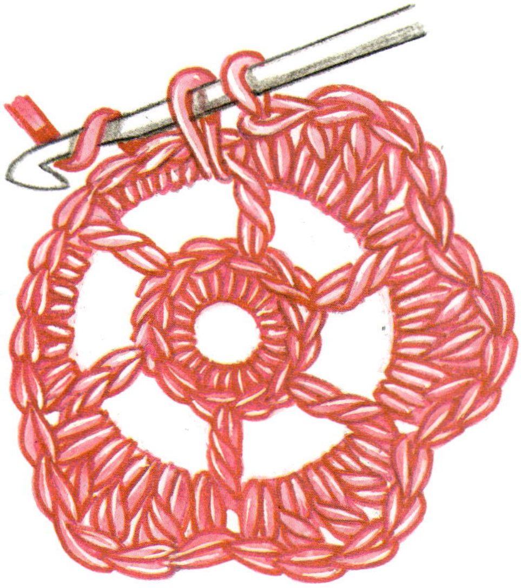

6

7

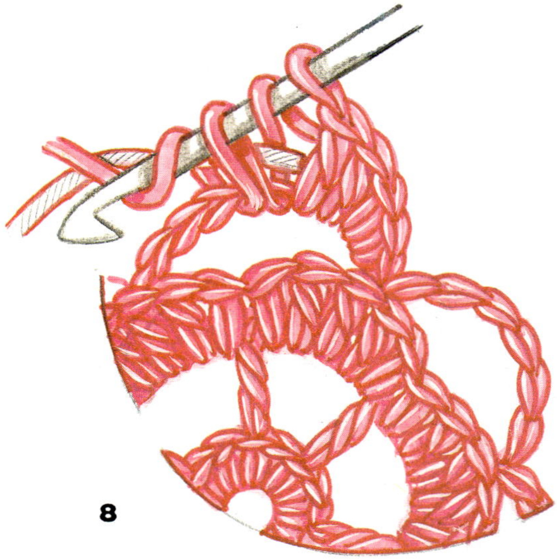

8

6 Dans chaque arceau faites : 1 m.s., 3 B. et 1 m.s. (6 fois en tout), terminez par 1 m.c., à la base du premier pétale.

7 Faites un deuxième tour de pétales : 1 m.s. à la base arrière de la 2 e B. d'un pétale du 1er rang, 3 ou 4 m.l. (selon la grosseur du fil), 1 ms. à la base arrière de la 2e B. du 2e pétale. (6 fois en tout).

8 Sur ces arceaux : 1 ms., 1 d.b., 3 B., 1 d.b. et 1 m.s. (6 fois en tout).

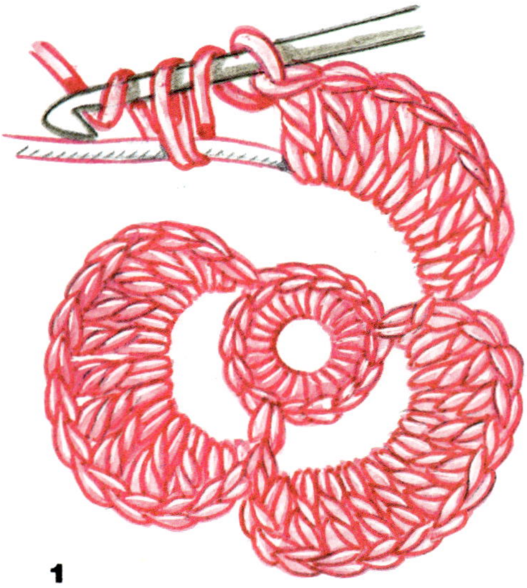

1

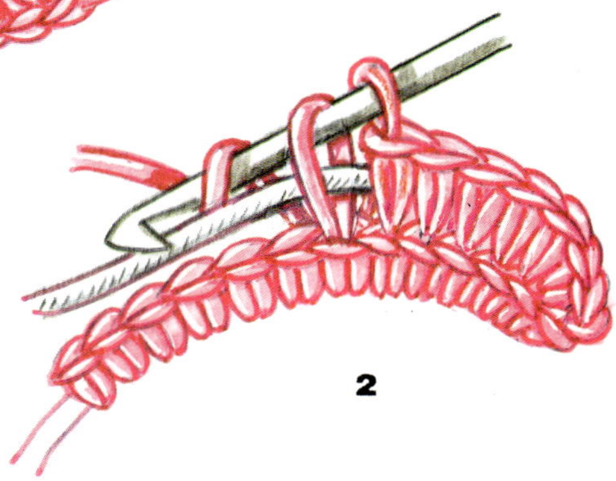

2

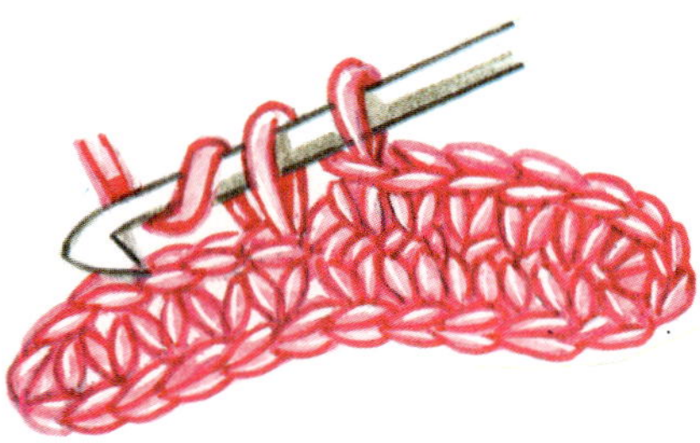

3

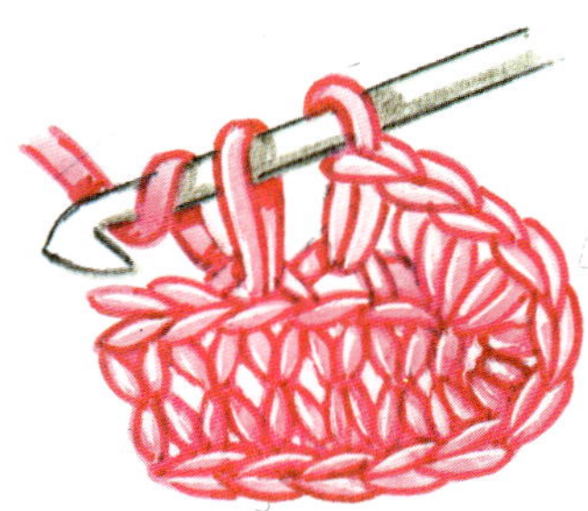

4

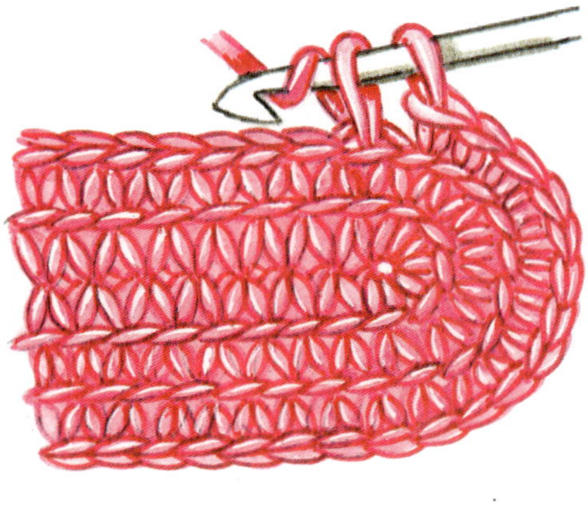

5

LE TREFLE

1 Crochetez un cœur comme pour la rose en relief puis, en travaillant sur le bourdon, faites : 1 m.s., 10 B. et 1 m.s. ; crochetez ensuite 1 m.c. sur le cœur. Faites les autres pétales semblables (3 fois en tout). Pour obtenir un pétale bien arrondi, serrez les B.

LA TIGE

2 Un rang de m.s. enserrant le bourdon, tournez ; un rang de m.s. en piquant le crochet dans chaque m.s. du 1 er rang.

LA FEUILLE

3 Crochetez sans bourdon et en rond. Faites une chaînette de 4 ou 5 m.l. + 1 m. pour tourner. Travaillez en m.s. autour de la chaînette.

4 Continuez en tournant, en piquant toujours dans le brin arrière des m. et en formant l'arrondi des extrémités en piquant 3 fois dans la même m.

5 Le pétale sera plus ou moins important selon le nombre de rangs.

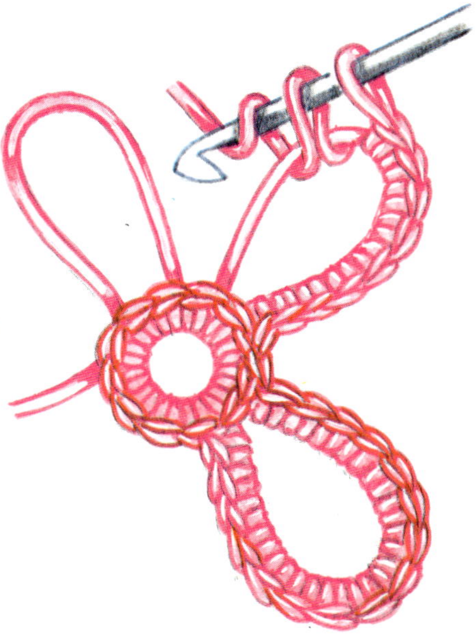

6

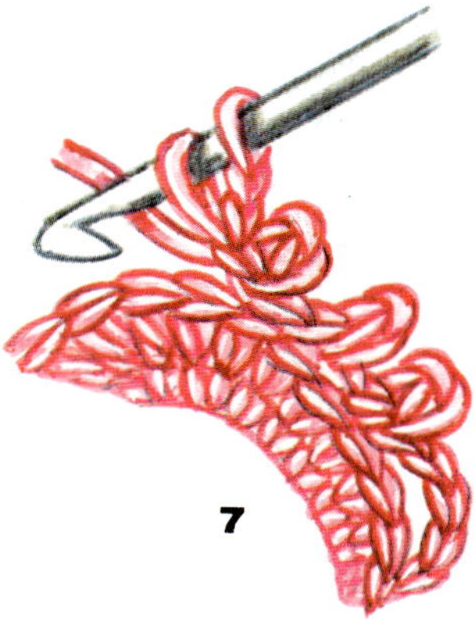

7

8

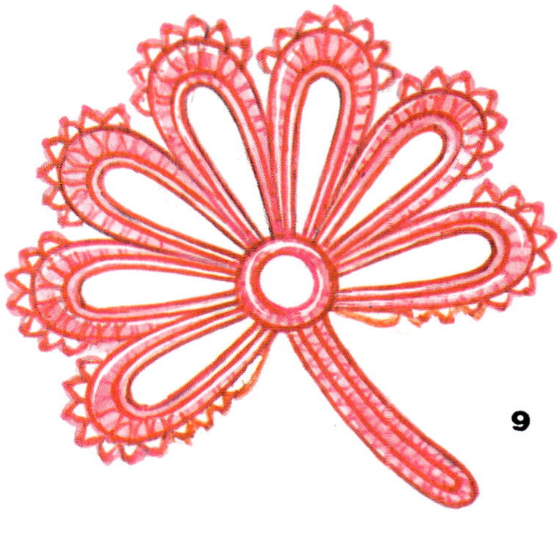

9

FLEUR A QUATRE PETALES

Sur un bourdon, faites un cœur de 12 m.s.

6 Premier tour : crochetez (X) 1 m.c. sur la 1re m. du cœur, 15 m.s. sur le bourdon, 1 m.c. sur les 2 m. suivantes du cœur, reprenez à (X) 4 fois en tout pour former les 4 pétales.

7 / 8 Deuxième tour : (X) 1 m.s. sur chacune des 6 premières m. du pétale, 1 d.b. sur la m. suivante, 3 d.b. sur la m. centrale, 1 d.b. sur la m. suivante et 1 m.s. sur chacune des 6 dernières m. du pétale, reprenez à (X) 4 fois en tout.

Troisième tour : (X) 1 m.c. entre les deux pétales, 3 m.l., sautez 2 m.s., 13 picots ainsi : 1 m.c. dans la m. suivante, 3 m.l. et 1 m.c. sur la 1re de ces m., 3 m.l., reprenez à (X) puis 1 m.c. sur la première m. pour fermer. Arrêtez.

LA PIVOINE

9 Sur un bourdon, faites un cœur de 12 m.s.

Premier tour : 1 m.c. dans la 1re m. du cœur, (X) 15 m.s. sur le bourdon, 1 m.c. dans la m. suivante du cœur, reprenez à (X) 7 fois en tout.

Deuxième tour : comme le 2e tour de la fleur à 4 pétales.

Troisième tour : 1 m.c. sur les 2 premières m., 10 picots comme pour la fleur à 4 pétales, 7 picots sur les 7 m. centrales des 5 pétales suivants et 10 picots sur le dernier pétale. Arrêtez.

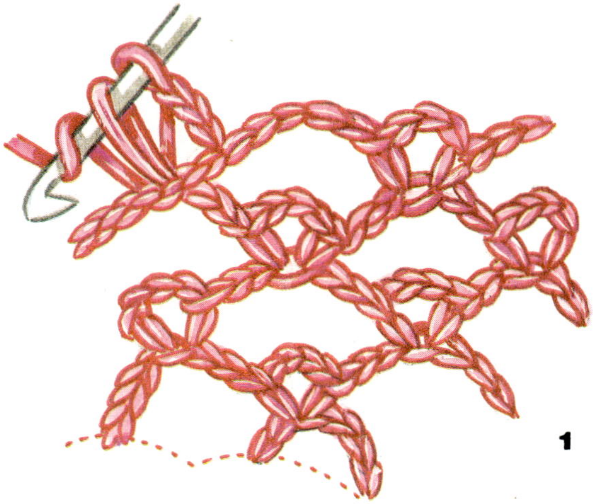
1

2

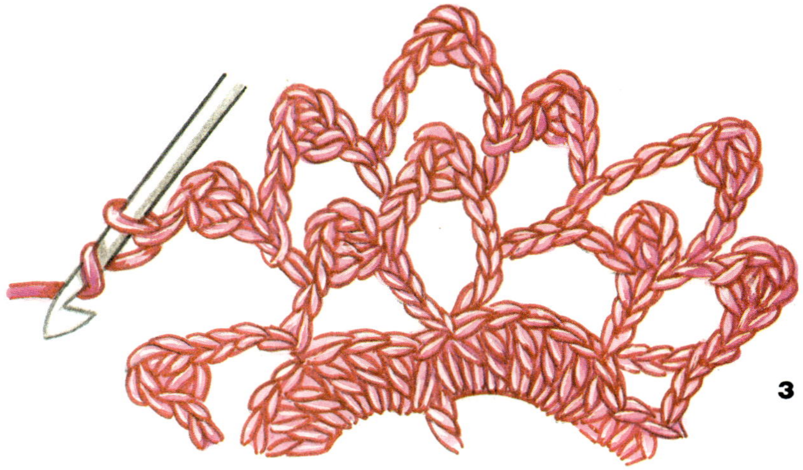
3

4
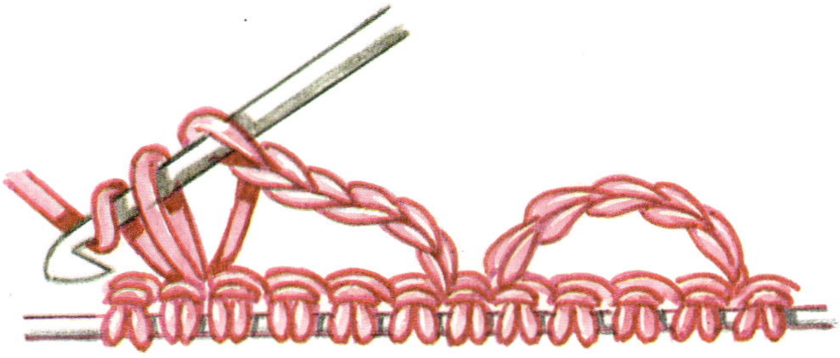

LES GRILLES

1 Voir la technique de la grille à faux picots page 49.
2 Voir la technique de la grille à picots page 57.
3 Piquez le crochet sur le bord du motif et crochetez 1 m.c., (X) 3 ou 4 m.l., 1 picot (3 m.l. et 1 m.c. dans la 1re de ces m.l.), 3 ou 4 m.l., 1 m.c. au bord du motif, reprenez à (X) et lorsque cela est nécessaire augmentez d'un arceau en crochetant 1 B. à la place d'une m.c., 3 m.l., 1 picot, 3 m.l., 1 B. dans la même m. que la précédente, 1 picot, 3 m.l. et 1 m.c. sur le bord du motif.

DENTELLE À PETITS PICOTS

Sur un bourdon recouvert de m.s.
4 Faites 2 arceaux ainsi : (X) 5 m.l., sautez 4 m., 1 m.s. dans la m. suivante, reprenez à (X) 2 fois. ▶

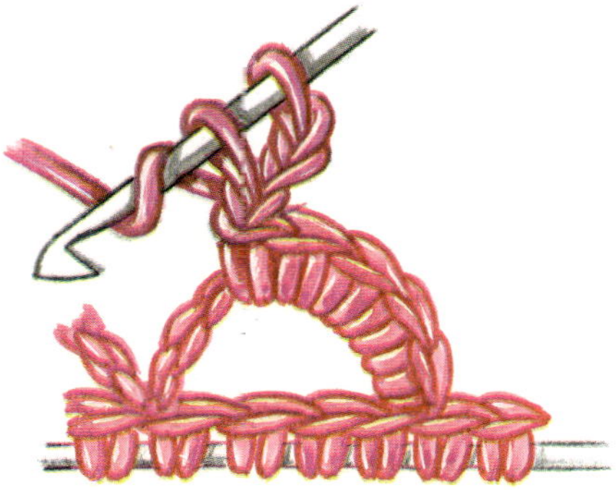

5

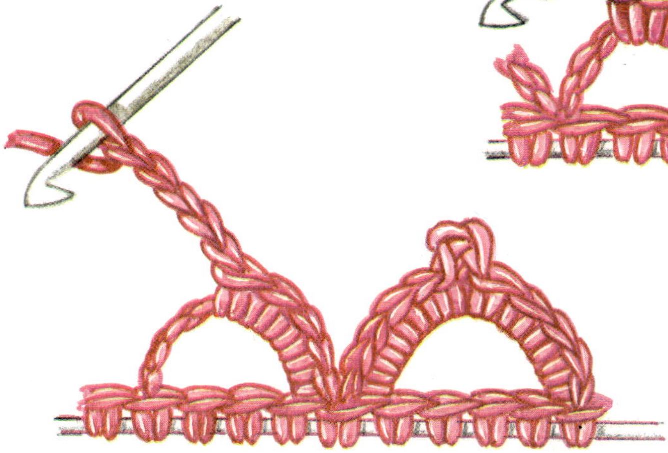

6

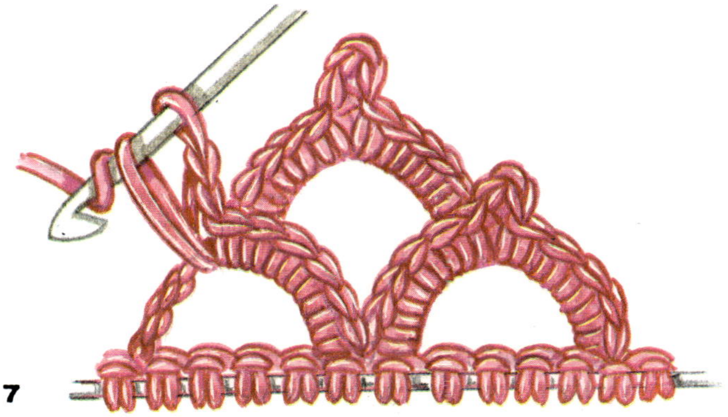

7

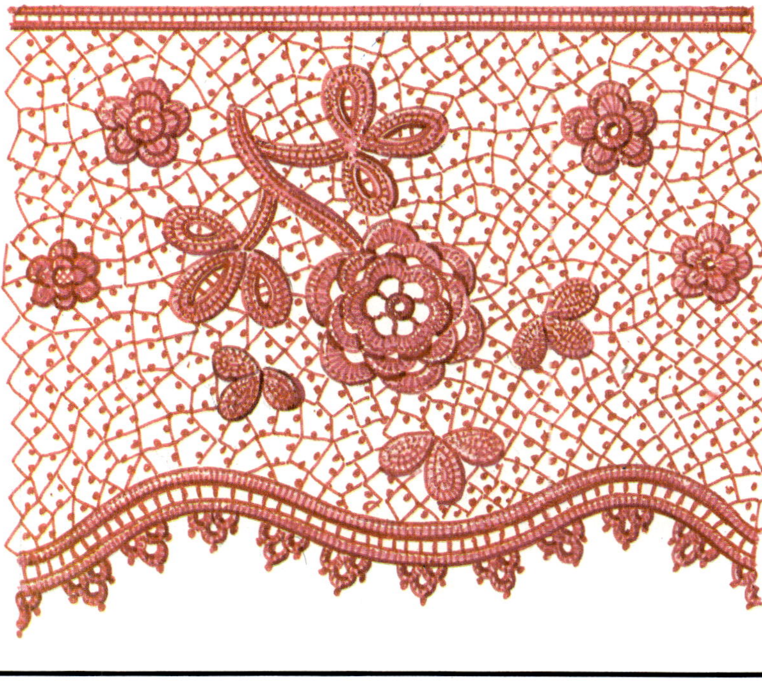

5 Crochetez dans le 1er arceau 5 m.s., 1 picot (3 m.l. et 1 m.s. dans la 1re de ces m.)

6 Faites 5 m.s. dans le même arceau, 5 m.s. dans l'arceau suivant, 5 m.l. pour l'arceau central, tournez et crochetez 1 m.c. à la base du picot du 1er arceau, retournez.

7 Faites dans l'arceau central 5 m.s., 1 picot et 5 m.s. puis dans le dernier arceau 1 picot et 5 m.s.

LA DENTELLE

(Croquis ci-contre)
Préparez une rose à 3 rangées de pétales, une tige centrale. 2 groupes de 3 feuilles et un semis de petites roses et de feuilles. Reportez le tracé du dessin sur un papier indéchirable ou une percale de couleur. Bâtissez les motifs à leur emplacement et reliez-les entre-eux par la grille-réseau à picots. Ne débâtissez les motifs qu'une fois tout le réseau terminé. Pour obtenir un bord régulier, le travail terminé, faites une chaînette assemblée à l'ouvrage par des m.c. et sur laquelle vous exécuterez la bordure.
Base de la dentelle :
Premier rang :
Sur un bourdon, tout en m.s.
Deuxième rang :
1 B., (X) 1 m.s., sautez 1 m., 1 B. sur la m. suivante, reprenez à (X).
Troisième rang : en m.s. en insérant un bourdon.
Quatrième rang : dentelle à picots expliquée précédemment.

Jacquard

Découvrez le jacquard au crochet mais en n'utilisant qu'un nombre restreint de coloris et en travaillant toujours sur l'endroit pour faciliter le travail. Crochetez en suivant une grille à points comptés représentant le motif à réaliser ainsi que les indications d'emplacement des différents coloris. Travaillez de préférence en mailles serrées, c'est le point le mieux adapté au jacquard. Une fois devenue experte, vous exécuterez des motifs se rapprochant davantage du jacquard aux aiguilles.

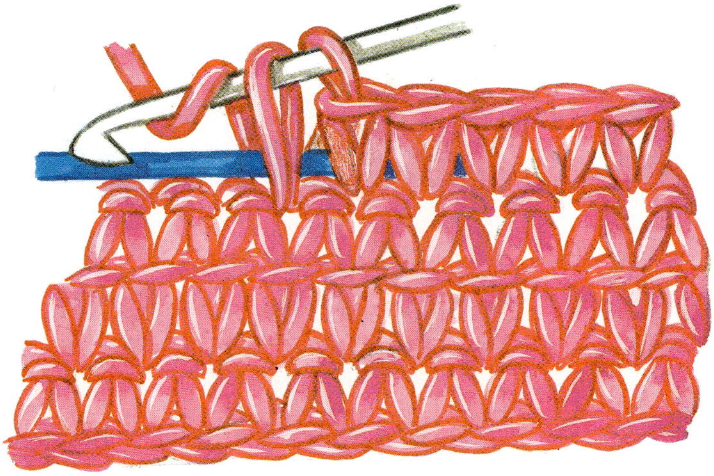

1

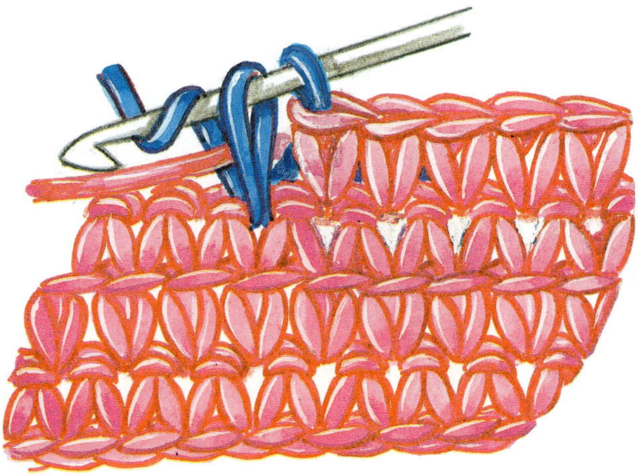

2

LE JACQUARD

1 Posez le fil de couleur sur le rang que vous exécutez, dépassant de quelques points sur la droite le début du motif jacquard.

2 Avec la couleur de fond, travaillez sur ces quelques points normalement en enserrant dans les mailles l'extrémité du fil de couleur différente et, au dernier point, abandonnez le fil derrière le travail et coulez les 2 dernières boucles avec le fil du motif suivant pour obtenir un passage de couleur très net.

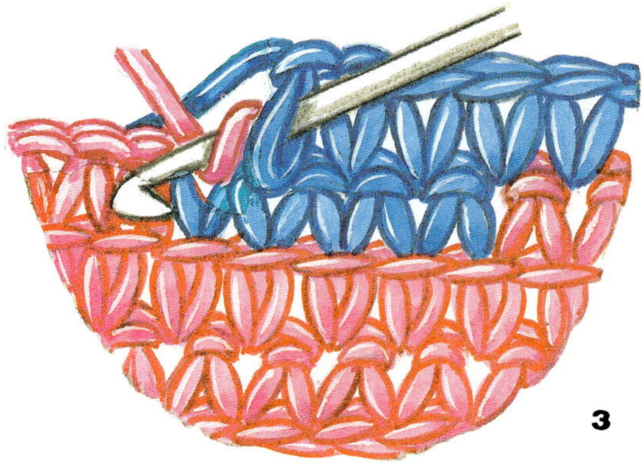

3

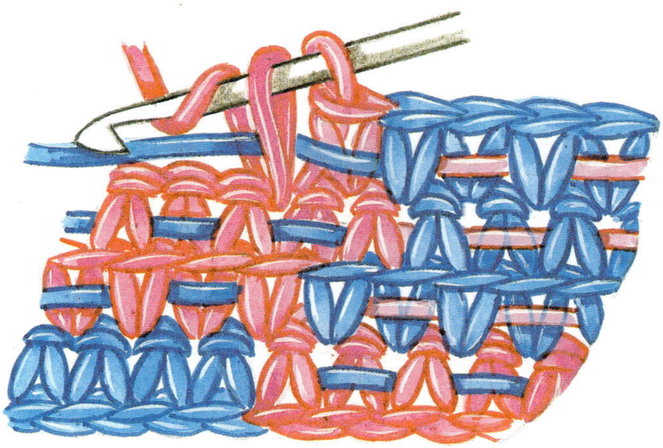

4

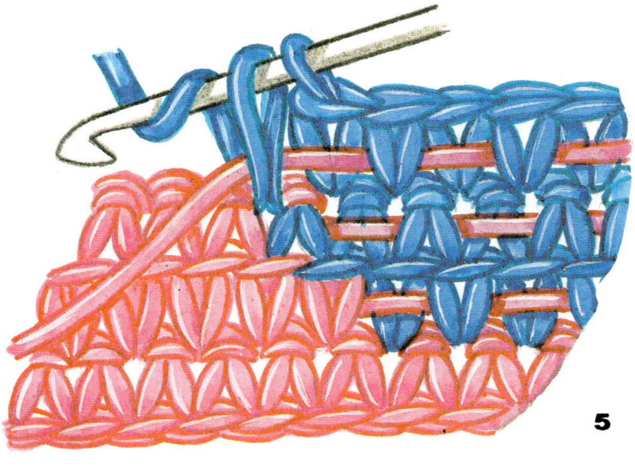

5

3 Crochetez le motif en enserrant le fil abandonné et, à la dernière m. du motif, coulez les 2 dernières boucles avec le fil du motif suivant.

Lorsque les fils en attente dépassent une longueur de 2 ou 3 mailles, vous devez les insérer dans les mailles pour obtenir une tension de fil régulière et éviter de longs brins libres sur l'envers.

Rang endroit : en piquant le crochet dans la maille, passez-le sous le fil en attente et faites un point avec le fil de travail.

4/5 Rang envers : le fil en attente placé devant l'ouvrage, piquez le crochet dans la maille sous le fil en attente.

Les fils ainsi passés sont disposés en quinconce et donnent sur l'envers un effet de tissage régulier.

1

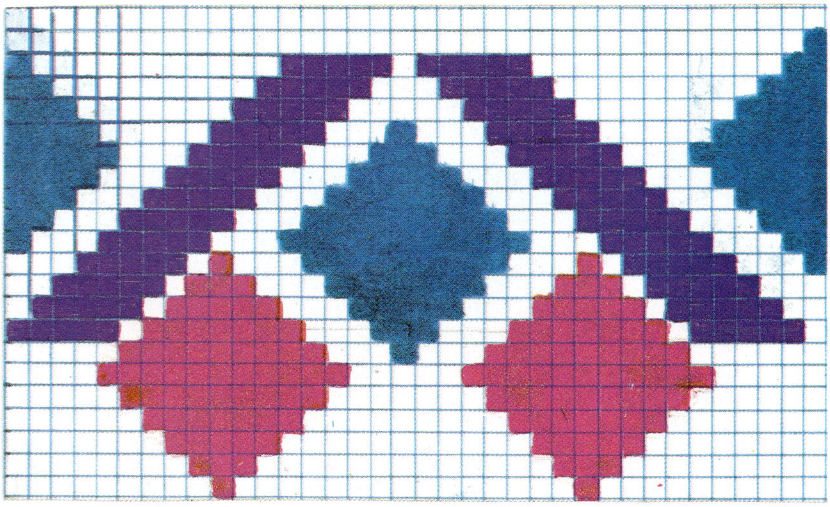

2

MOTIF GÉOMÉTRIQUE

1 Il sera à répéter sur toute la largeur du travail, soit sur un fond uni, soit sur un fond de damier et crocheté en mailles serrées ou en demi-brides.

FRISE TRICOLORE

2 Répétez-la sur un fond uni ou à rayures dans des coloris péruviens et crochetez-la en mailles serrées ou en demi-brides.

3

4

MOTIF A LOSANGES

3 Crochetez-le uniquement en mailles serrées. Il sera différent suivant que vous le réaliserez dans un camaïeu ou dans des tons opposés.

RAYURES ET DIAGONALES

4 Un jacquard dynamique à réaliser en mailles serrées.

1

2

OISEAU

1 Motif à placer. Il sera crocheté en mailles serrées dans les coloris de votre choix.

PAPILLON

2 Motif à placer ou à disposer en frise. Un travail que vous réaliserez en mailles serrées, soit dans les coloris proposés, soit en alternant des papillons de couleurs différentes.

3

4

FLEUR

3 Motif à placer et à réaliser en mailles serrées.

CAPUCINE

4 Motif répétitif à crocheter en mailles serrées ou en demi-brides suivant l'ouvrage à réaliser.

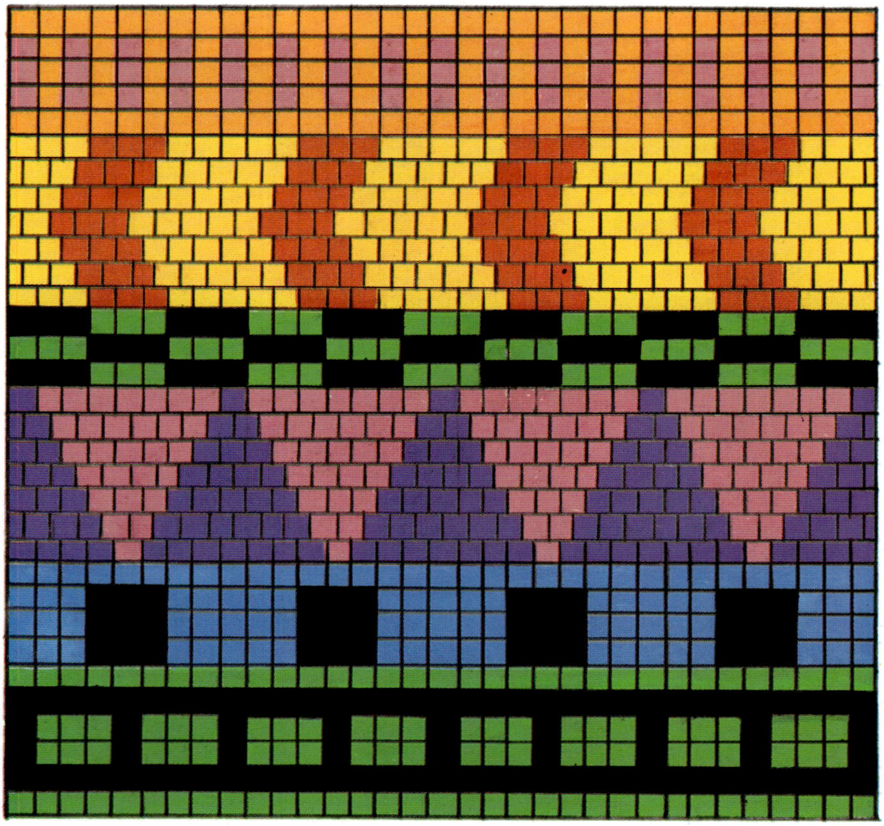

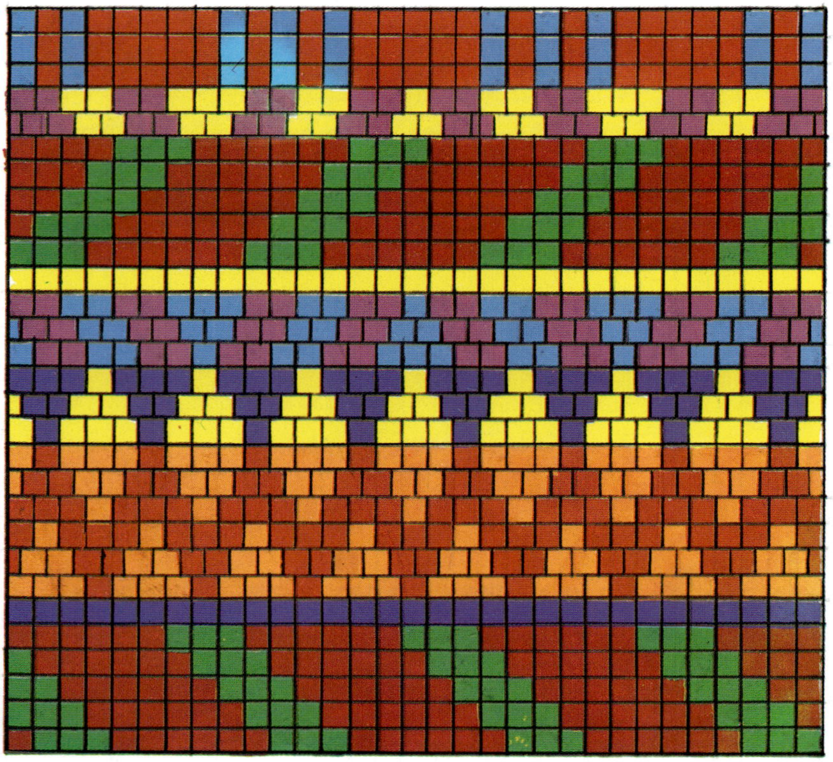

MOTIFS GÉOMÉTRIQUES

Pour les virtuoses, à travailler en mailles serrées ; pour les pressées, en demi-brides. Des propositions de jacquards colorés que vous pouvez utilisez telles quelles ou à la suite les unes des autres suivant votre inspiration. Vous pouvez même en inventer.

Un conseil : pour obtenir des lignes biaisées plus douces, décalez le travail d'une demi-maille en piquant non pas sur la maille mais à côté de cette maille (voir échantillon photographié pages 98/99).

Patchwork

C'est un assemblage de motifs différents crochetés séparément autour d'un anneau central. Vous utiliserez le plus souvent des carrés car leur assemblage est le plus facile. Ils vous permettent de réaliser de grands ouvrages, couverture ou autre, en utilisant vos restes de laine.

Motif à fleur jaune

Faites une chaînette jaune de 4 m.l. que l'on ferme pr former un cercle puis trav. en tournant.
1er tour : (X) 1 m.s. ds le cercle, 10 m.l., reprenez à (X) 8 f. en tt puis term. par 1 m.c. sur la 1re m.s. pr fermer ; cassez le fil et arrêtez.
2e tour : attachez le fil beige en crochetant 1 m.s. au milieu d'un arceau, 3 m.l. (comme 1re B.) puis 1 B. ds le même arceau, (X) 1 m.l., 3 B. ds l'arceau suiv., 1 m.l., 1 groupe de 2 B., 2 m.l. et 2 B. ds l'arceau suiv., reprenez à (X) 3 f. en tt puis term. par 1 m.l., 3 B. ds le dern. arceau, 1 m.l., 2 B. ds l'arceau de départ, 2 m.l. et 1 m.c. ds la 3e m.l. de départ pr fermer ; cassez le fil et arrêtez.
3e tour : attachez le fil naturel en crochetant 1 m.s. ds un arceau d'angle de 2 m.l., 3 m.l., 2 B. ds le même arceau, (X) 3 B. ds chacun des 2 arceaux d'1 m.l. suiv., 1 groupe de 3 B., 2 m.l. et 3 B. ds l'arceau de l'angle suiv., reprenez à (X) 3 f. en tt puis term. par 3 B. ds chacun des 2 dern. arceaux d'1 m.l., 3 B. ds l'arceau de départ, 2 m.l. et 1 m.c. ds la 3e m.l. de départ pr fermer ; cassez le fil et arrêtez.
4e tour : attachez le fil brun en crochetant 1 m.s. ds un arceau d'angle, 3 m.l., 1 B. ds le même arceau, (X) 1 B. sur chacune des 12 B. suiv., 1 groupe de 2 B., 2 m.l. et 2 B. ds l'arceau de l'angle suiv., reprenez à (X) 3 f. en tt puis term. par 1 B. sur chacune des 12 dern. B., 2 B. ds l'arceau de départ, 2 m.l. et 1 m.c. ds la 3e m.l. de départ pr fermer ; arrêtez.

Motif à noisettes

Faites une chaînette jaune de 4 m.l. que l'on ferme pr former un cercle puis trav. en tournant.
1er tour : 5 m.l., (X) 1 D.B. ds le cercle, 1 m.l., reprenez à (X) 15 f. en tt puis term. par 1 m.c. ds la 4e m.l. de départ pr fermer ; cassez le fil et arrêtez.
2e tour : attachez le fil noisette en crochetant 1 m.s. ds un arceau d'1 m.l., 3 m.l., 3 B. ds le même arceau, lâchez la boucle qui est sur le crochet, piquez celui-ci ds la 3e m.l. de départ, reprenez la m. lâchée et faites-la passer au travers de la boucle qui est sur le crochet (on a une noisette), 2 m.l., (X) 1 noisette sous la m.l. suiv. en crochetant 4 B. et en piquant le crochet ds la 1re B. pr fermer la noisette, 2 m.l., reprenez à (X) 15 f. en tt puis term. par 1 m.c. sur la 1re noisette pr fermer ; cassez le fil et arrêtez.
3e tour : attachez le fil naturel en crochetant 1 m.s. ds un arceau de 2 m.l., 3 m.l., 2 B. ds le même arceau, (X) 3 f. (2 m.l. et 1 B. ds l'arceau suiv.), 2 m.l., 1 groupe de 3 B., 3 m.l. et 3 B. ds l'arceau suiv., reprenez à (X) 3 f. en tt puis term. par 3 f. (2 m.l. et 1 B. ds l'arceau suiv.), 2 m.l., 3 B. ds l'arceau de départ, 3 m.l. et 1 m.c. ds la 3e m.l. de départ pr fermer ; cassez le fil et arrêtez.
4e tour : attachez le fil noisette en crochetant 1 m.s. ds un arceau d'angle, 3 m.l., 2 B. ds le même arceau, (X) 3 m.l., sautez 1 arceau, 3 B. ds l'arceau suiv., 1 m.l., 3 B. ds l'arceau suiv., 3 m.l., sautez 1 arceau, 1 groupe de 3 B., 3 m.l. et 3 B. ds l'arceau de l'angle, reprenez à (X) 4 f. en tt mais en ne term. que par 3 B. ds l'arceau de départ, 3 m.l. et 1 m.c. ds la 3e m.l. de départ pr fermer ; cassez le fil et arrêtez.
5e tour : attachez le fil naturel en crochetant 1 m.s. ds un arceau d'angle, 3 m.l., 2 B. ds le même arceau, (X) 3 B. ds l'arceau de 3 m.l., 3 B. ds l'arceau d'1 m.l., 3 B. ds l'arceau de 3 m.l., 1 groupe de 3 B., 2 m.l. et 3 B. ds l'arceau de l'angle, reprenez à (X) 4 f. en tt mais en ne term. que par 3 B. dans l'arceau de départ, 2 m.l. et 1 m.c. ds la 3e m.l. de départ pr fermer ; cassez le fil et arrêtez.

Motif à croix marron

Faites une chaînette marron de 4 m.l. que l'on ferme pr former un cercle puis trav. en tournant.

1er tour : 3 m.l. (comme 1re B.), 2 B. ds le cercle, 3 m.l., (X) 3 B. ds le cercle, 3 m.l., reprenez à (X) 3 f. en tt puis term. par 1 m.c. ds la 3e m.l. de départ pr fermer ; cassez le fil et arrêtez.

2e tour : attachez le fil brun en crochetant 1 m.s. ds un arceau, 3 m.l., 2 B. ds le même arceau, 2 m.l., (X) 1 groupe de 3 B., 3 m.l. et 3 B. ds l'arceau de l'angle suiv., 2 m.l., reprenez à (X) 3 f. en tt puis term. par 3 B. ds l'arceau de départ, 2 m.l. et 1 m.c. ds la 3e m.l. de départ pr fermer ; cassez le fil et arrêtez.

3e tour : attachez le fil naturel en crochetant 1 m.s. ds un arceau d'angle, 3 m.l., 2 B. ds le même arceau, (X) 1 B. sur chacune des 3 B. suiv., 3 B. ds l'arceau de 2 m.l., 1 B. sur chacune des 3 B. suiv., 1 groupe de 3 B., 3 m.l. et 3 B. ds l'arceau de l'angle, reprenez à (X) 3 f. en tt puis term. par 1 B. sur chacune des 3 B. suiv., 3 B. ds le dern. arceau de 2 ml., 1 B. sur chacune des 3 dern. B., 3 B. ds l'arceau de départ, 3 m.l. et 1 m.c. ds la 3e m.l. de départ pr fermer ; cassez le fil et arrêtez.

4e tour : attachez le fil jaune en crochetant 1 m.s. ds un arceau d'angle, 3 m.l., 3 B. ds le même arceau, (X) 3 f. (sautez 3 m. et 4 B. sur la m. suiv.), sautez 3 m., un groupe de 4 B., 3 m.l. et 4 B. ds l'arceau de l'angle, reprenez à (X) 3 f. en tt puis term. par 3 f. (sautez 3 m. et 4 B. sur la m. suiv.), sautez les 3 dern. m., 4 B. ds l'arceau de départ, 3 m.l. et 1 m.c. ds la 3e m.l. de départ pr fermer ; cassez le fil et arrêtez.

5e tour : attachez le fil brun en crochetant 1 m.s. ds un arceau d'angle, 3 m.l., 2 B. ds le même arceau, (X) 1 B. sur chacune des 20 B. suiv., un groupe de 3 B., 2 m.l. et 3 B. ds l'arceau de l'angle, reprenez à (X) 3 f. en tt puis term. par 1 B. sur chacune des 20 dern. B., 3 B. ds l'arceau de départ, 2 m.l. et 1 m.c. ds la 3e m.l. de départ pr fermer ; cassez le fil et arrêtez.

Motif à trèfle

Faites une chaînette jaune de 6 m.l. que l'on ferme pour former un cercle puis trav. en tournant.
1er tour : 3 m.l. (comme 1re B.), 2 B. ds le cercle, 3 m.l., (X) 3 B. ds le cercle, 3 m.l., reprenez à (X) 3 f. en tt puis term. par 1 m.c. ds la 3e m.l. de départ pr fermer ; cassez le fil et arrêtez.
2e tour : attachez le fil beige en crochetant 1 m.s. ds un arceau, 3 m.l., 2 B. ds le même arceau, 2 m.l., (X) 1 groupe de 3 B., 3 m.l. et 3 B. ds l'arceau suiv., 2 m.l., reprenez à (X) 3 f. en tt puis term. par 3 B. ds l'arceau de départ, 3 m.l. et 1 m.c. ds la 3e m.l. de départ pr fermer ; cassez le fil et arrêtez.
3e tour : attachez le fil naturel en crochetant 1 m.s. ds un arceau d'angle, 3 m.l., 2 B. ds le même arceau, (X) 2 m.l., 3 B. ds l'arceau de 2 m.l., 2 m.l., 1 groupe de 3 B., 3 m.l. et 3 B ds l'arceau de l'angle, reprenez à (X) 3 f. en tt puis term. par 2 m.l., 3 B. ds le dern. arceau de 2 m.l., 2 m.l., 3 B. ds l'arceau de départ, 3 m.l. et 1 m.c. ds la 3e m.l. de départ pr fermer ; cassez le fil et arrêtez.
4e tour : attachez le fil beige en crochetant 1 m.s. ds un arceau d'angle, 3 m.l., 2 B. ds le même arceau, (X) 2 f. (2 m.l. et 3 B. ds l'arceau de 2 m.l. suiv.), 2 m.l., 1 groupe de 3 B., 3 m.l. et 3 B. ds l'arceau de l'angle, reprenez à (X) 3 f. en tt puis term. par 2 f. (2 m.l. et 3 B. ds l'arceau de 2 m.l.), 2 m.l., 3 B. ds l'arceau de départ, 3 m.l. et 1 m.c. ds la 3e m.l. de départ pr fermer ; cassez le fil et arrêtez.
5e tour : attachez le fil marron en crochetant 1 m.s. ds un arceau d'angle, 3 m.l., 2 B. ds le même arceau, (X) 3 f. (2 m.l. et 3 B. ds l'arceau de 2 m.l. suiv.), 2 m.l., 1 groupe de 3 B., 3 m.l. et 3 B. ds l'arceau de l'angle, reprenez à (X) 3 f. en tt puis term. par 3 f. (2 m.l. et 3 B. ds l'arceau de 2 m.l.), 2 m.l., 3 B. ds l'arceau de départ, 3 m.l. et 1 m.c. ds la 3e m.l. de départ pr fermer ; cassez le fil et arrêtez.
Vous pouvez réaliser un motif plus grand en faisant un ou plusieurs tours supplémentaires en crochetant, à ch. tour, un motif de plus par côté.

Motif à rose

Faites une chaînette jaune de 5 m.l. que l'on ferme pr former un cercle puis trav. en tournant.
1er tour : ds le cercle faites (X) 1 m.s., 1 B. et 1 m.s., reprenez à (X) 4 f. en tt puis term. par 1 m.c. sur la 1re m.s. pr fermer.
2e tour : (X) 2 m.l., en passant derrière les pétales faites 1 m.c. à la base de la 2e m.s. du pétale, reprenez à (X) 4 f. en tt.
3e tour : ds ch. arceau faites 1 m.c., 4 B. et 1 m.c. ; cassez le fil et arrêtez.
4e tour : avec le fil noisette, en passant derrière les pétales, faites 1 m.c. à la base de la 1re m.c. du 1er pétale, (X) 3 m.l., 1 m.c. à la base de la 1re m.c. du pétale suiv., reprenez à (X) 4 f. en tt.
5e tour : ds ch. arceau faites 1 m.c., 8 B. et 1 m.c.
6e tour : comme le 4e mais en formant des arceaux de 4 m.l.
7e tour : ds ch. arceau faites 1 m.c., 10 B. et 1 m.c. ; cassez le fil et arrêtez.
8e tour : attachez le fil naturel en crochetant 1 m.s. entre 2 pétales, 3 m.l., 2 B. ds la même m., (X) 2 m.l., 1 groupe de 3 B., 1 m.l. et 3 B. au centre du pétale suiv., 2 m.l., 3 B. entre le pétale et le suiv., reprenez à (X) 4 f. en tt mais en term., après les 2 dern. m.l., par 1 m.c. ds la 3e m.l. de départ pr fermer ; cassez le fil et arrêtez.
9e tour : attachez le fil noisette en crochetant 1 m.s. ds un arceau d'angle, 3 m.l., 2 B. ds le même arceau, (X) 3 B. ds chacun des 2 arceaux suiv., 1 groupe de 3 B., 3 m.l. et 3 B. ds l'arceau de l'angle, reprenez à (X) 4 f. en tt mais en ne term. que par 3 B. ds l'arceau de départ, 3 m.l. et 1 m.c. ds la 3e m.l. de départ pour fermer ; cassez le fil et arrêtez.

Motif hexagonal 4 couleurs

Faites une chaînette naturel de 6 m.l. que l'on ferme pour former un cercle puis trav. en tournant.
1er tour : 3 m.l., 2 B. fermées ens. ds le cercle, 3 m.l., (X) 3 B. ferm. ens., 3 m.l., reprenez à (X) 5 f. en tt puis term. par 1 m.c. sur les 2 B. ferm. ens. de départ ; cassez le fil et arrêtez.
2e tour : attachez le fil jaune en crochetant 1 m.s. ds un arceau, 3 m.l., 2 B. ds le même arceau, (X) 1 groupe de 3 B., 2 m.l. et 3 B. ds l'arceau suiv., 1 m.l., reprenez à (X) 5 f. en tt puis term. par 3 B. ds l'arceau de départ, 2 m.l. et 1 m.c. ds la 3e m.l. de départ pr fermer ; cassez le fil et arrêtez.
3e tour : attachez le fil noisette ds un arceau de 2 m.l., 3 m.l., 2 B. ferm. ens. ds le même arceau, (X) 1 m.l., 1 B. ds l'arceau d'1 m.l. suiv., 1 m.l., 1 groupe de 3 B. ferm. ens., 3 m.l. et 3 B. ferm. ens. ds l'arceau de 2 m.l., reprenez à (X) 5 f. en tt puis term. par 1 m.l., 1 B. ds le dern. arceau d'1 m.l., 1 m.l., 3 B. ferm. ens. ds l'arceau de départ, 3 m.l. et 1 m.c. ds la 3e m.l. de départ pr fermer ; cassez le fil et arrêtez.
4e tour : attachez le fil naturel ds le dern. arceau de 3 m.l., 3 m.l., 2 B. ferm. ens. ds le même arceau, (X) 1 m.l., 2 f. (1 B. ds l'arceau suiv. et 1 m.l.), 1 groupe de 3 B. ferm. ens., 3 m.l. et 3 B. ferm. ens. ds l'arceau suiv., reprenez à (X) 5 f. en tt puis term. par 1 m.l., 2 f. (1 B. ds l'arceau suiv. et 1 m.l.), 3 B. ferm. ens. ds l'arceau de départ, 3 m.l. et 1 m.c. ds la 3e m.l. de départ pr fermer ; cassez le fil et arrêtez.

Motif à relief

Faites une chaînette jaune de 6 m.l. que l'on ferme pr former un cercle puis trav. en tournant.
1er tour : (X) 1 m.s. et 2 d.b. ds le cercle, reprenez à (X) 4 f. en tt puis term. par 1 m.c. sur la 1re m.s. pr fermer.
2e tour : 1 m.l., (X) en passant derrière les m., faites 1 m.s. ds l'arceau de base entre la m.s. et les 2 d.b., 3 m.l., sautez 3 m., reprenez à (X) 4 f. en tt puis term. par 1 m.c. sur la m.s. de départ pr fermer.
3e tour : ds ch. arceau faites 1 m.s., 1 d.b., 1 B., 1 d.b. et 1 m.s. puis term. par 1 m.c. sur la 1re m.s. pr fermer.
4e tour : en piquant derrière les pétales, faites (X) 1 m.s. autour de la m.s. du 2e tour, 4 m.l., reprenez à (X) 4 f. en tt puis term. par 1 m.c. sur la 1re m.s. pr fermer.
5e tour : ds ch. arceau faites 1 m.s., 1 d.b., 1 B., 1 m.l., 1 B., 1 d.b. et 1 m.s. puis term. par 1 m.c. sur la 1re m.s. pr fermer ; cassez le fil et arrêtez.
6e tour : tournez le trav. sur l'env., attachez le fil beige à l'un des angles en crochetant 1 m.s. ds l'arceau d'1 m.l., 3 m.l., 1 d.b. ds le même arceau, (X) 1 d.b. sur chacune des 3 m. suiv. en piquant ds le brin arrière, 1 B. entre les 2 m.s. délimitant les pétales, 1 d.b. sur chacune des 3 m. suiv. (tjrs ds le brin arrière), 1 groupe de 1 d.b., 1 m.l. et 1 d.b. ds l'arceau de l'angle, reprenez à (X) 4 f. en tt mais en term., après les 3 dern. d.b. du dern. côté, par 1 m.c. ds la 2e m.l. de départ pr fermer ; cassez le fil et arrêtez.
7e tour : tournez le trav., attachez le fil naturel en crochetant 1 m.s. ds l'arceau d'un angle, 3 m.l., 1 d.b. ds le même arceau, (X) 1 d.b. sur chacune des 9 m. suiv. en piquant ds le brin arrière, 1 groupe de 1 d.b., 1 m.l. et 1 d.b. ds l'arceau de l'angle, reprenez à (X) 4 f. en tt mais en term., après les 9 d.b. du dern. côté, par 1 m.c. ds la 2e m.l. pr fermer ; cassez le fil et arrêtez.
8e tour : avec le fil noisette, comme le 7e en crochetant 11 d.b. par côté.
9e tour : avec le fil marron, comme le 7e en crochetant 13 d.b. par côté ; cassez le filet arrêtez.

Motif flamme tricolore

Faites une chaînette jaune de 5 m.l. que l'on ferme pr former un cercle puis trav. en tournant.
1er tour : 10 d.b. ds le cercle et 1 m.c. sur la 1re d.b. pr fermer.
2e tour : 2 d.b. sur ch. d.b. et 1 m.c. sur la 1re d.b. pr fermer.
3e tour : (X) 2 d.b. sur la 1re m., 1 d.b. sur la m. suiv., reprenez à (X) 10 f en tt puis 1 m.c. sur la 1re d.b. pr fermer.
4e tour : (X) 1 d.b. sur chacune des 2 prem. m., 2 d.b. sur la m. suiv., reprenez à (X) 10 f. en tt puis 1 m.c. sur la 1re d.b. pr fermer ; cassez le fil et arrêtez.
5e tour : attachez le fil naturel en crochetant 1 m.s. ds 1 m., 2 m.l., (X) 1 d.b. longue en piquant ds la m. suiv. mais au 3e tour, 1 d.b. longue en piquant ds la m. suiv. mais au 3e tour, 2 d.b. longues en piquant ds la même m. mais au 2e tour, 2 d.b. longues en piquant ds chacune des 2 m. suiv. mais au 3e tour, 3 d.b. normales en piquant ds chacune des 3 m. suiv., reprenez à (X) 5 f. en tout mais ne term. que par 2 d.b. puis 1 m.c. sur la 2e m.l. de départ pr fermer.
6e tour : tt en d.b. en répart. 5 augm. (on obtient 50 m.).
7e tour : tt en d.b. en répart. 10 augm. ; cassez le fil et arrêtez.
8e tour : attachez le fil marron en crochetant 1 m.s. ds la m. précédant le 1er groupe de m. longues, 2 m.l., (X) 2 d.b. longues en piquant ds chacune des 2 m. suiv. mais au 6e tour, 2 d.b. longues en piquant ds la m. suiv. mais au 5e tour, 2 d.b. longues en piquant ds chacune des 2 m. suiv. mais au 6e tour, 7 d.b. normales en piquant ds chacune des 7 m. suiv., reprenez à (X) 5 f. en tt mais ne term. que par 6 d.b. et 1 m.c. ds la 2e m.l. de départ pr fermer.
9e tour : tt en d.b. en répart. 10 augm. ; cassez le fil et arrêtez (vous avez obtenu 75 m.).

REUNIR LES MOTIFS

Une fois les motifs terminés, ils seront assemblés pour former l'ouvrage désiré.
Il y a deux façons de faire ce travail :

1 Au crochet
Pour assembler au crochet, posez les 2 motifs à réunir l'un au-dessus de l'autre (endr. contre endr.), faites 1 m.s. en piquant le crochet dans le brin horizontal arrière de la m. lisière du motif du dessus puis dans le brin arrière de la m. correspondante du motif du dessous ; cette m.s. assemblera donc les 2 épaisseurs. Répétez ce travail en piquant dans chaque m. comme indiqué dans les explications.

2 A l'aiguille
Pour réunir à l'aiguille, faites 1 ou 2 points de surjet ds le brin arrière de la m. lisière du motif du dessous et en même temps dans la m. correspondante du motif du dessus.

ASSEMBLAGE EN COURS D'OUVRAGE

Assemblage d'arceaux de 5 m.l. ou plus (nombre impair).

3 Avant de crocheter la m. centrale de l'arceau, lachez la boucle, piquez dans l'arceau à assembler, raccrochez la m. lâchée et terminez l'arceau en cours.

4 Cet assemblage peut se faire aussi en piquant dans la m. centrale de l'arceau à assembler.

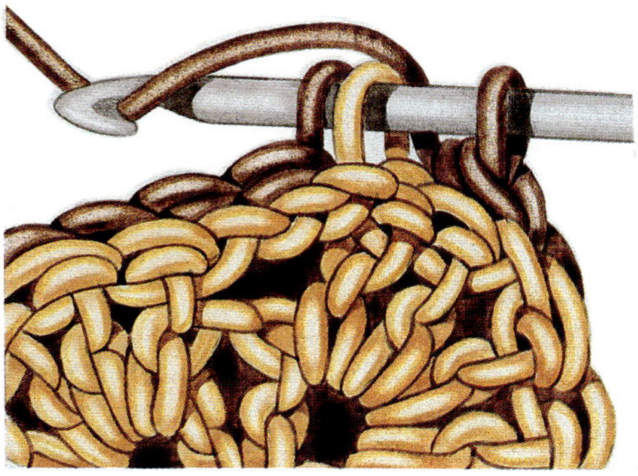

1

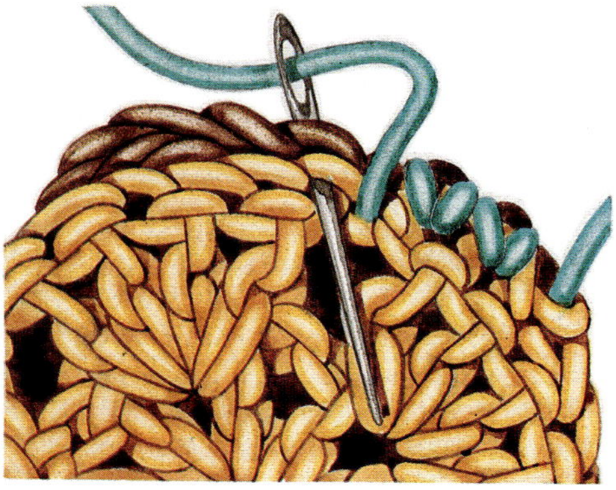

2

3

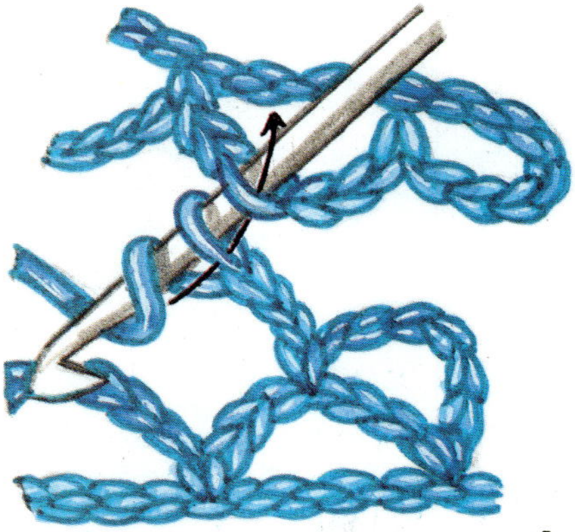

4

5

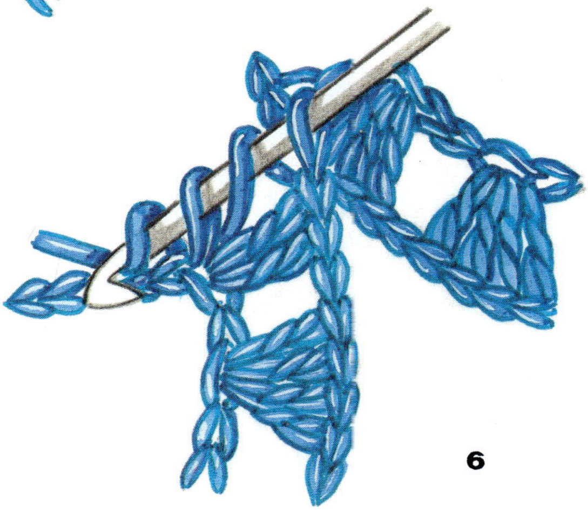

6

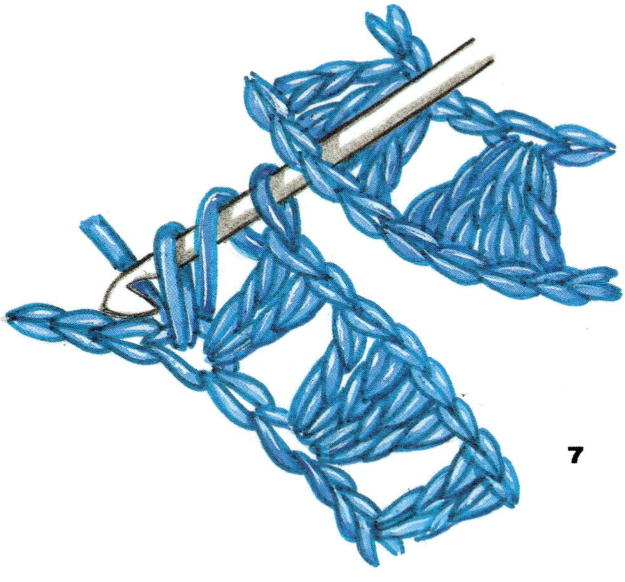

7

Sur motifs coquille

5/6 Sans terminer la coquille en cours d'exécution, lâchez la m., piquez le crochet entre les 2 e et 3e B. du motif à assembler puis raccrochez la m. lachée. Passez-la entre les B. du 2e motif et continuez la coquille.

Assemblage de deux coquilles

7 Au milieu de la coquille, lâchez la m., piquez le crochet entre les deux B. centrales de la coquille à assembler, reprenez la m. lâchée et continuez la coquille.

Cette couverture qui est formée de carrés de 13 cm de côté mesure 160 cm × 200 cm, en assemblant 15 carrés en longueur et 12 carrés en largeur, soit 180 carrés, dont 60 ciel, 60 turquoise et 60 marine.

Un carré

Comm. par le centre, sur une chaînette de 8 m.l. que l'on ferme par 1 m.c. pr former un cercle, trav. en tournant ;
1er tour : 12 m.s. ds le cercle puis fermez par 1 m.c. ds la 1re m.s. du début du tour ;
2e tour (dessin no 1) : 3 m.l. (= 1 B.), 1 B. sur chacune des 3 m.s. suiv., 5 m.l., (X) 1 B. sur ch. des 3 m.s. suiv., 5 m.l., reprenez à (X) encore 2 f. puis term. par 1 m.c. ds la 3e m.l. du début du tour ;
3e tour (dessin no 2) : 3 m.l. (= 1 B.), (X) 1 B. sur chacune des 2 B. suiv., un groupe de 2 B., 5 m.l. et 2 B. ds l'arceau de 5 m.l., 1 B. sur la B. suiv., reprenez à (X) encore 3 f. mais en supprimant la dern. B. de la 3e f., puis term. par 1 m.c. ds la 3e m.l. du début du tour. Cont. ainsi pendant 6 tours en trav. en B. sur les B., et ch. angle comme au 3e tour. Au 9e tour, on obtient 31 B. sur ch. côté du carré. Cassez le fil. Avec le fil turquoise, assemblez les 180 carrés entre eux comme sur le dessin par un surjet ou un tour de m.s. fait sur l'env. du trav.

La bordure

Avec le fil turquoise, trav. ainsi :
1er tour : commencez ds un angle ; accrochez le fil ds l'arceau de 5 m.l. et trav. en tournant ainsi : (X) faites un groupe de 1 m.s., 3 m.l. et 1 m.s. ds l'arceau de 5 m.l. pr ch. angle, puis 1 m.s. sur chacune des m.s. suiv. et 2 m.s. sous les m.l. de chacun des carrés, reprenez à (X) encore 3 f. et term. par 1 m.c. ds la m.s. de départ ;
du 2e au 5e tour : (X) faites un groupe de 1 m.s., 3 m.l. et 1 m.s. ds ch. angle et 1 m.s. sur ch. des m.s. suiv. Term. ch. tour comme le 1er tour.

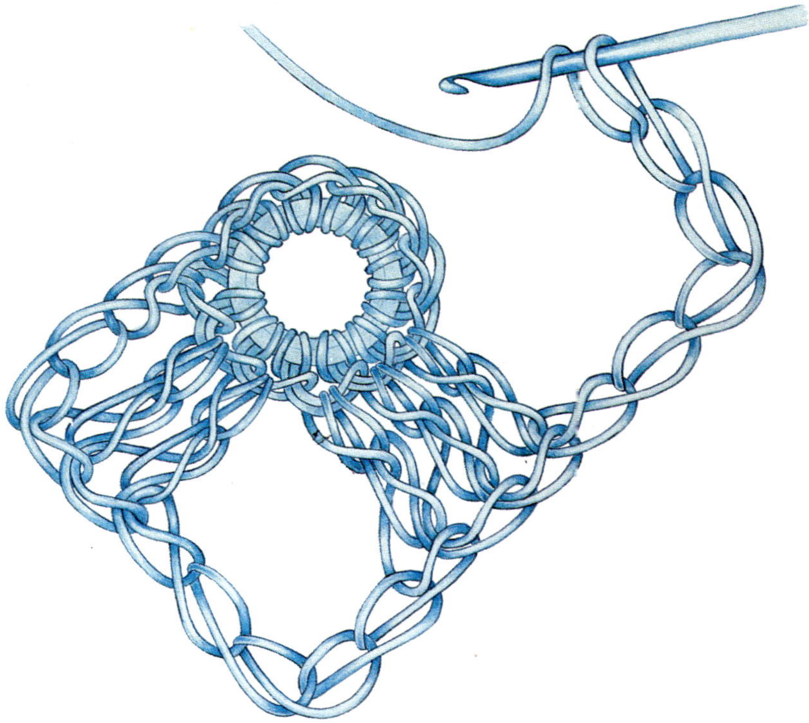

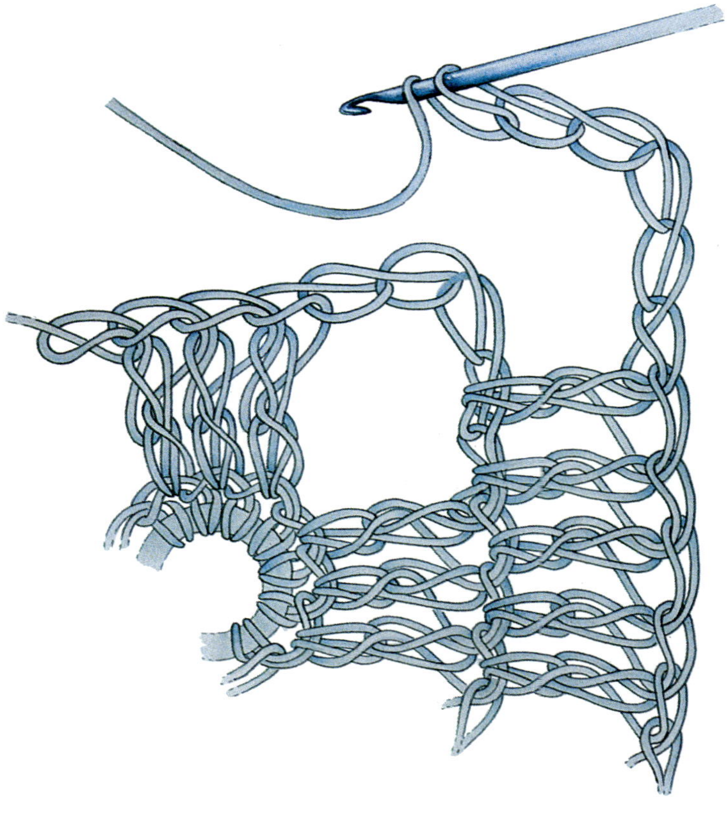

FOURNITURES

Fil pour crocheter de D.M.C., qualité « Coton lustré », 850 g (turquoise)/8756, 750 g (marine)/8709, 750 g (ciel)/8773.
Un crochet à dentelle n° 15 en numérotation française ou 1,75 mm en numérotation internationale.

POINTS EMPLOYÉS

Maille en l'air (m.l.)
Maille coulée (m.c.)
Maille serrée (m.s.)
Bride (B.)

Tissage

S'inspirant du tissage sur métier, mais ayant pour base une grille carrée au crochet remplaçant la chaîne du tissage, le crochet tissé est un travail simple et rapide. Le tissage se réalise avec des laines passées dans cette grille. En laissant libre cours à votre créativité, vous réaliserez facilement des écossais, des rayures ou des diagonales. Une fois terminé, ce tissage donne un tissu robuste qui ne se déforme pas et que vous pouvez utiliser en décoration d'ameublement ou en habillement.

1

2

LA GRILLE

Faites une chaînette de la longueur nécessaire d'un nombre pair de m.

1 Premier rang : sautez 5 m. de la chaînette, 1 B. dans la m. suivante, (X) 1 m.l., sautez 1 m., 1 B. dans la m. suivante, reprenez à (X).

2 Deuxième rang et les suivants : 4 m.l., sautez la première B., 1 B. sur la B. suivante, (X) 1 m.l., 1 B. sur la B. suivante, reprenez à (X).

GRILLE OUVRAGÉE

3 Sur grille vieux rose, passage vertical au point de reprise en alternant un passage bleu vif, deux bleu pâle et un rose clair.

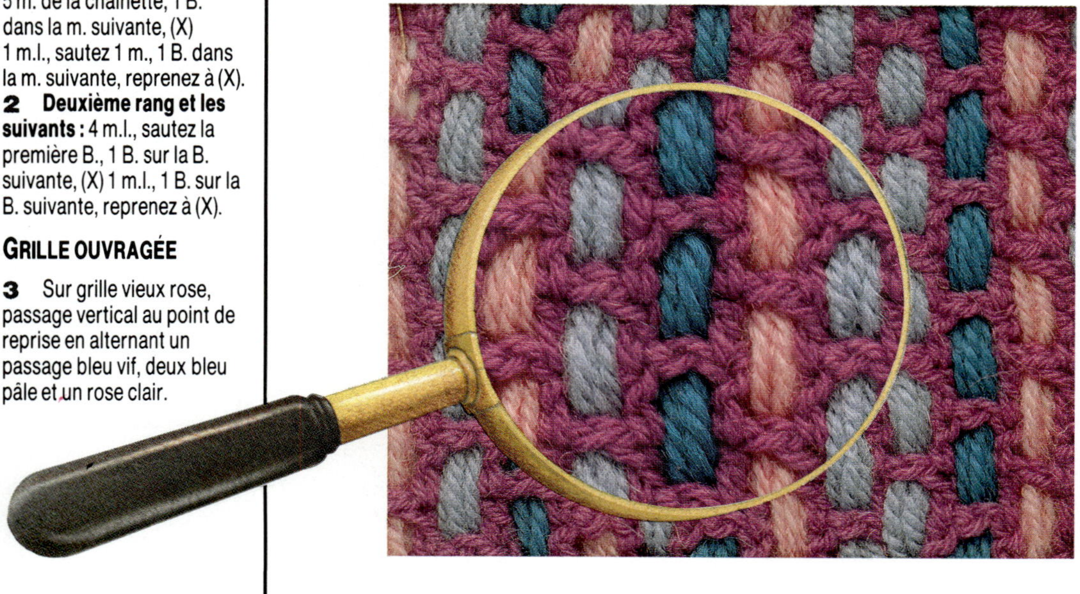

3

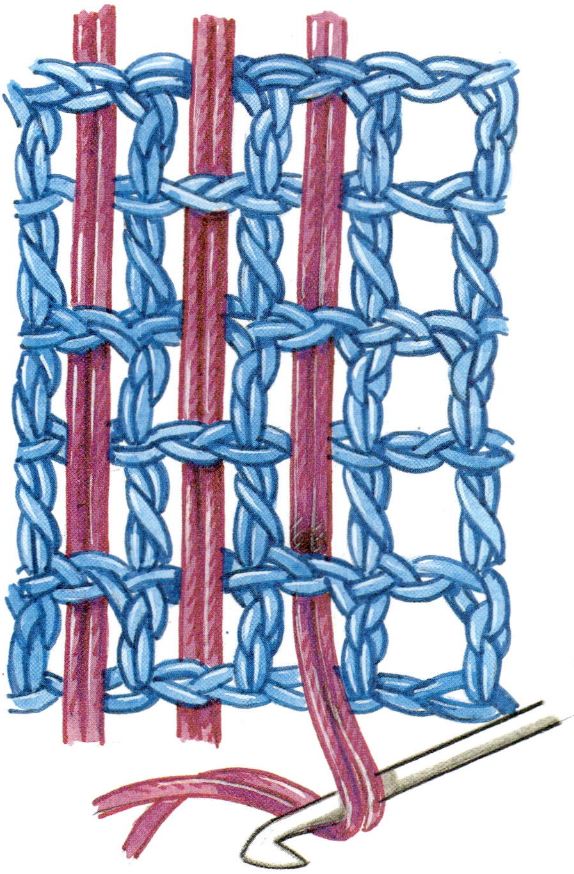

4

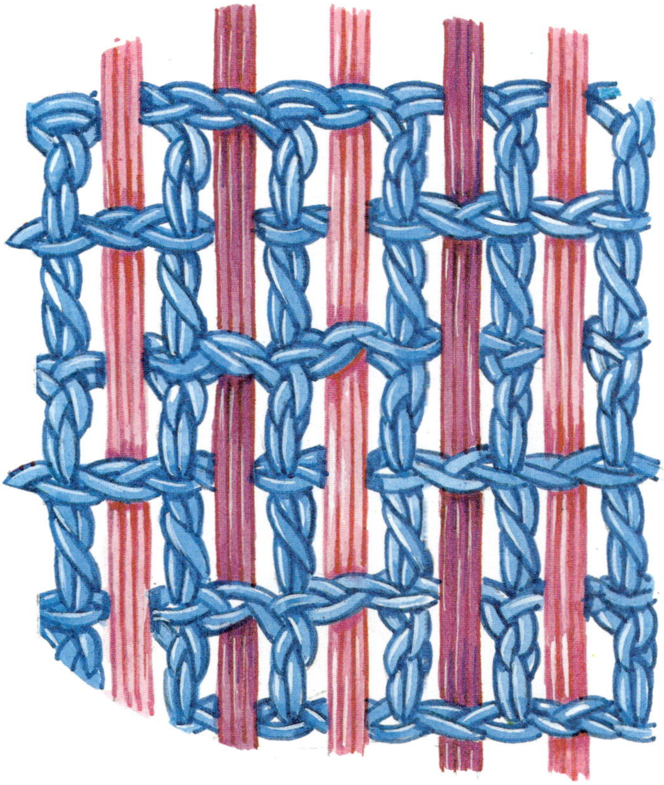

5

TISSAGE AU POINT DE REPRISE

4 Sur un fond de grille bleue, passez verticalement des brins vieux rose.

5 Sur un fond de grille au point de bride et de chaînette, faites des rayures bicolores en alternant un passage de brins vieux rose et un passage rose vif.

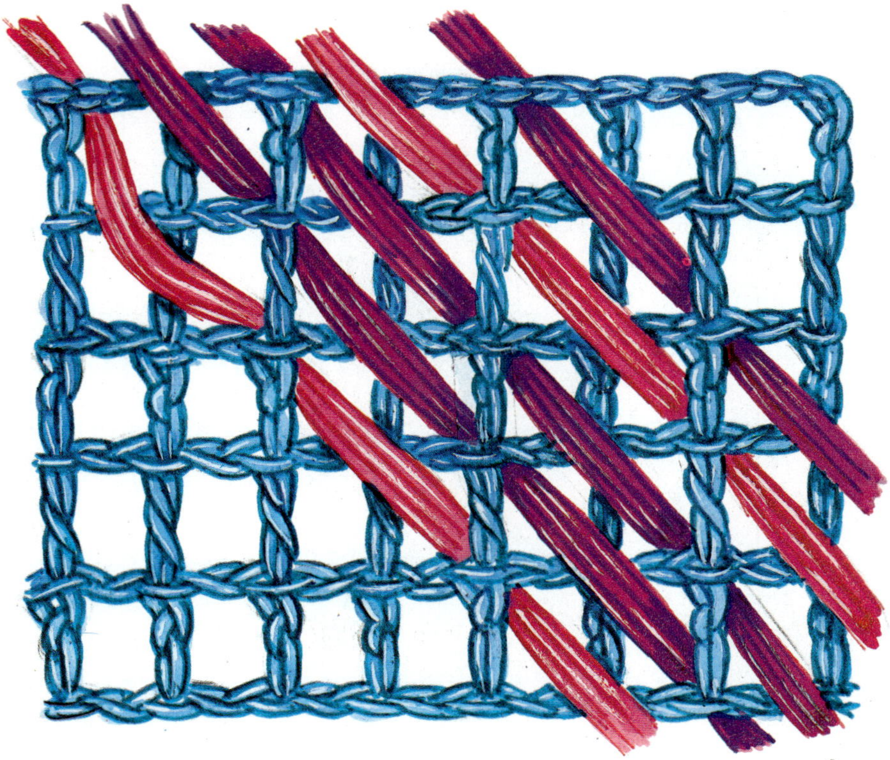

1

2

EN DIAGONALE

1 Sur un fond de grille bleue, passez des brins roses et mauves en oblique.
2 A réaliser dans un sens ou dans l'autre : sur un fond de grille bleu clair, (X) 3 passages rose azalée, 1 vert vif, 1 rose très vif et 1 vert vif. Reprenez toujours cette disposition.

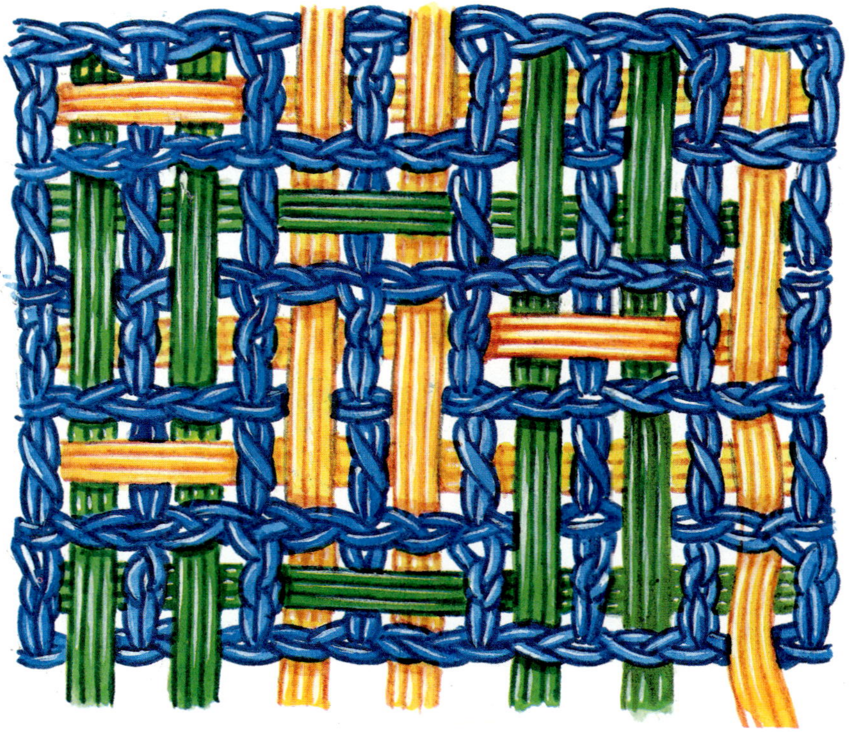

3

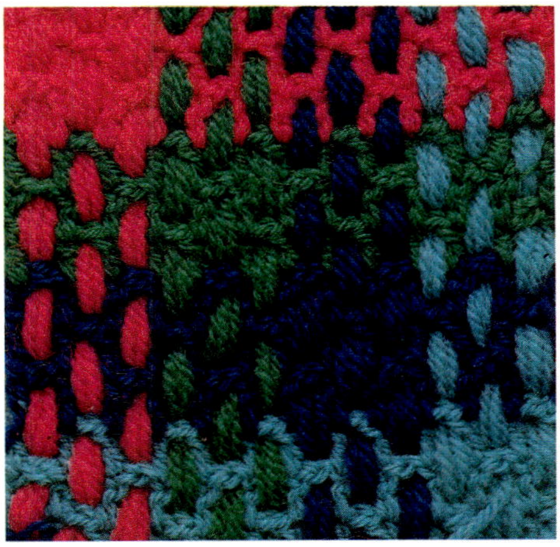

4

5

ECOSSAIS

3 Sur un fond de grille unie, passez alternativement et verticalement en les décalant 2 par 2 des brins jaunes et des brins verts. Passez ensuite horizontalement et toujours décalés régulièrement des brins de mêmes teintes.

4 Faites une grille en brides en alternant 3 rangs turquoise, 3 rangs bleus, 3 rangs verts et 3 rangs roses puis exécutez la broderie en alternant 3 passages turquoise, 3 bleus, 3 verts et 3 roses.

5 Faites une grille en mailles serrées alternant 4 rangs bleus, 2 rangs verts et 4 rangs roses puis exécutez la broderie en alternant 2 passages roses, 1 vert et 2 bleus.

1

2

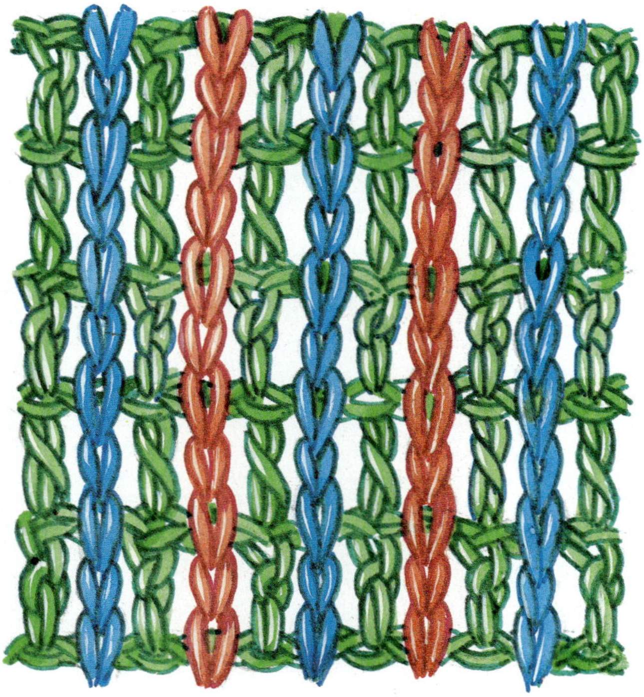
3

POINT DE CHAINETTE

1 En laissant le fil sous l'ouvrage, faites 1 m.c. sur la première m.l. horizontale, (X) 1 m.l., 1 m.c. sur la m.l. suivante, reprenez à (X).
2 Même travail que précédemment mais en crochetant les m.c. sous les B.
3 Travaillez verticalement en alternant 1 rayure bleue et 1 rayure rouge.

4

5

ECHANTILLONS

4 Travaillez suivant la fig. 1 (page 128) en alternant une rayure marine, une rose pâle, une marine, une fuchsia.
5 Sur chaque bride, faites 1 m.c. en laissant toujours le fil sous l'ouvrage. Alternez une rayure verte et une rayure violette.

Création Rosine Astorgue

Faites une chaînette de 61 m.l. puis crochetez au pt de grille (29 grilles) ainsi : 3 r. flanelle, 1 r. noir, 2 r. chamois, 2 r. marron, 2 r. graphite, 2 r. naturel, 4 r. chamois, 3 r. flanelle, 1 r. noir-mêlé, 2 r. marron, 2 r. graphite, 2 r. naturel et 3 r. chamois. Avec une grosse aiguille à laine et le fil en double, exécutez le tissage au pt de reprise en aller et retour dans ch. grille, en partant de gauche à droite ds le sens de la hauteur; ch. r. équivalant à un aller et retour, exécutez ainsi 2 r. chamois, 4 r. naturel, 2 r. graphite, 1 r. noir, 3 r. marron, 5 r. chamois, 3 r. flanelle, 4 r. naturel, 2 r. marron, 1 r. chamois, 2 r. graphite, 1r. noir et 1 r. marron.
Dans la flanelle, coupez un morceau de la dimension du coussin en ajoutant 1 cm tout autour pour la couture. Placez les 2 morceaux endr. contre endr. et assemblez-les par une couture en réservant une ouverture. Retournez sur l'endroit, bourrez et fermez l'ouverture à points invisibles.

1

2

3

1 **Maille en l'air.**
2 **Bride.**
3 **Point de grille.**

FOURNITURES

Laine à tricoter du Chat Botté, qualité « Laine de Zélande », 1 pelote chamois/2804, 1 pelote marron/2805, 1 pelote naturel/2801, 1 pelote flanelle/2802, 1 pelote graphite/2803 et 1 pelote noir-mêlé/2812.
Un crochet n° 6.
Du kapok.
50 cm de flanelle pr le fond.

POINTS EMPLOYÉS

Maille en l'air (m.l.)
Bride (B.)

POINT DE GRILLE

Sur une chaînette d'un nombre impair de m.
Premier rang : faites 1 B. dans la 5ᵉ m.l. à partir du crochet, (X) 1 m.l., sautez 1 m., 1 B. dans la m. suivante, reprenez à (X) et terminez par 1 B.
Deuxième rang et rangs suivants : comme le premier en crochetant toujours les B. sur les B. et les m.l. au-dessus des m.l.
Le coussin mesure 35 cm sur 42 cm.

Crochet Tunisien

Très proche par son aspect du tricot aux aiguilles, le crochet tunisien offre un peu moins de variété de points que le crochet ordinaire. Cependant, sa texture « tissu » lui confère une solidité et une tenue pratiquement indéformable. Comme pour le tricot aux aiguilles, toutes les mailles composant la largeur de l'ouvrage sont montées sur le crochet, c'est pourquoi les crochets utilisés pour cette technique sont si longs. Le travail du crochet tunisien s'exécute toujours sur l'endroit, de droite à gauche à l'aller pour le montage des mailles sur le crochet, et de gauche à droite au retour pour fermer toutes ces mailles.

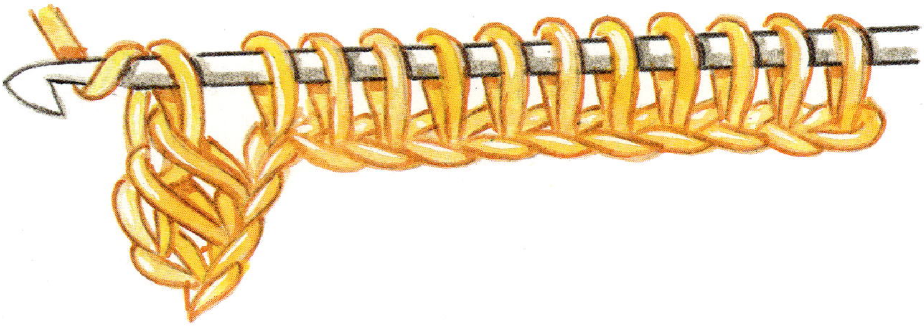

1

2

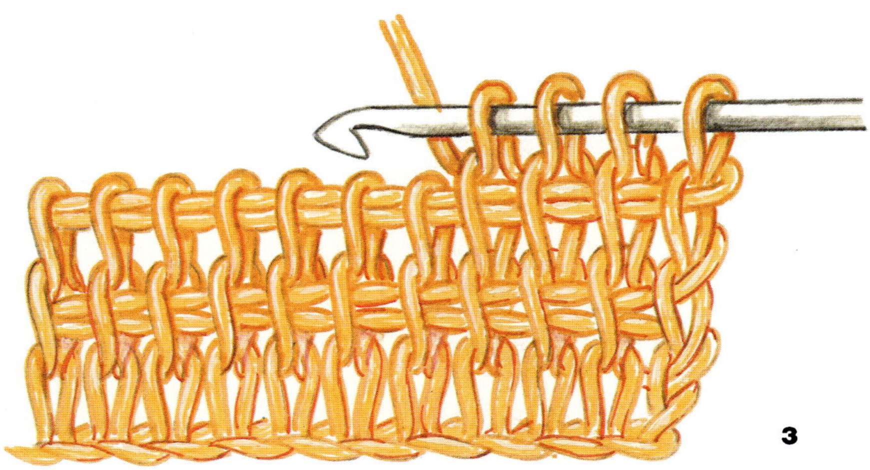

3

POINT TUNISIEN SIMPLE

Faites une chaînette de base de la longueur nécessaire.
1/2 Premier rang (aller) : sautez la 1re m.l., (X) piquez le crochet dans la m. suivante, 1 jeté et tirez pour ramener une boucle que l'on garde sur le crochet, reprenez à (X) ceci jusqu'à la fin de la chaînette.
Premier rang (retour) : 1 m.l., (X) 1 jeté, passez-le au travers de 2 boucles, reprenez à (X) ceci jusqu'à ce qu'il ne reste plus qu'une boucle sur le crochet.
3 Deuxième rang (aller) : piquez le crochet de droite à gauche sous le 2e brin vertical, 1 jeté, tirez pour ramener une boucle, (X) piquez le crochet sous le brin suivant, 1 jeté et tirez une boucle, reprenez à (X) ceci jusqu'au brin vertical de lisière.
Deuxième rang (retour) : comme le retour du 1er rang. Répétez toujours le 2e rang (aller et retour).

POINT TUNISIEN SIMPLE UNI
(Photo ci-dessus)

POINT TUNISIEN SIMPLE BICOLORE
(Photo ci-contre)
Premier rang :
à l'aller, levez les m. en bleu ; au retour, coulez les m. en vert.
Deuxième rang :
à l'aller, levez les m. en vert ; au retour, coulez les m. en bleu. Répétez toujours ces deux rangs.

1

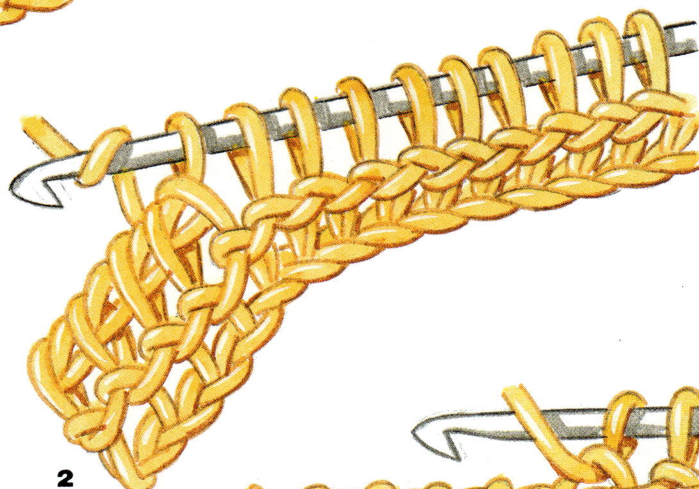

2

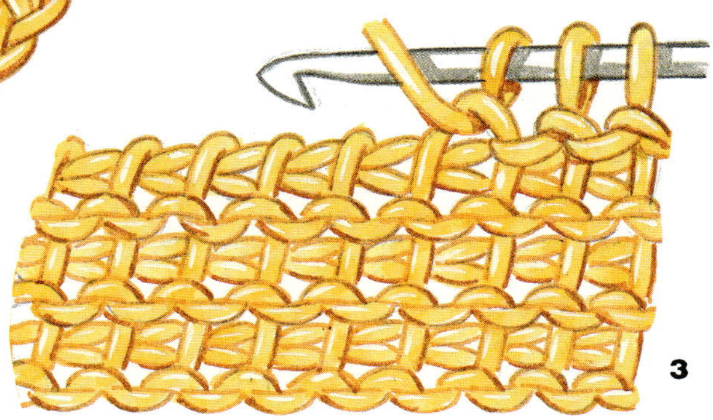

3

POINT TUNISIEN A L'ENVERS

Premier rang : comme le point tunisien simple.

1 **Deuxième rang** (aller) : tenez le fil devant l'ouvrage en le tendant vers le bas, sautez la première m., (X) piquez le crochet sous le brin vertical de la m. suivante, 1 jeté (passez le fil devant puis derrière le crochet pour le tendre à nouveau vers le bas), faites passer le jeté au travers de la m., reprenez à (X) jusqu'à la m. lisière.

2 **Deuxième rang** (retour) : comme le point simple.

3 Répétez toujours le 2e rang (aller et retour).

Le point tunisien à l'envers se dit aussi point de mousse.

4

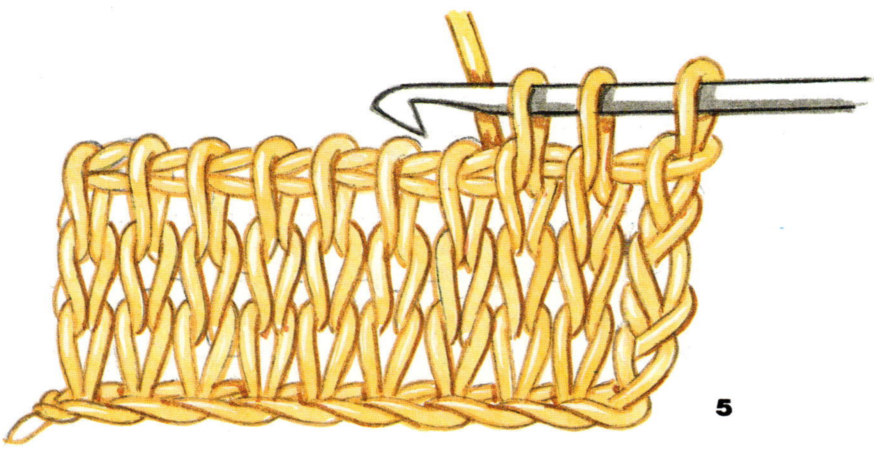

5

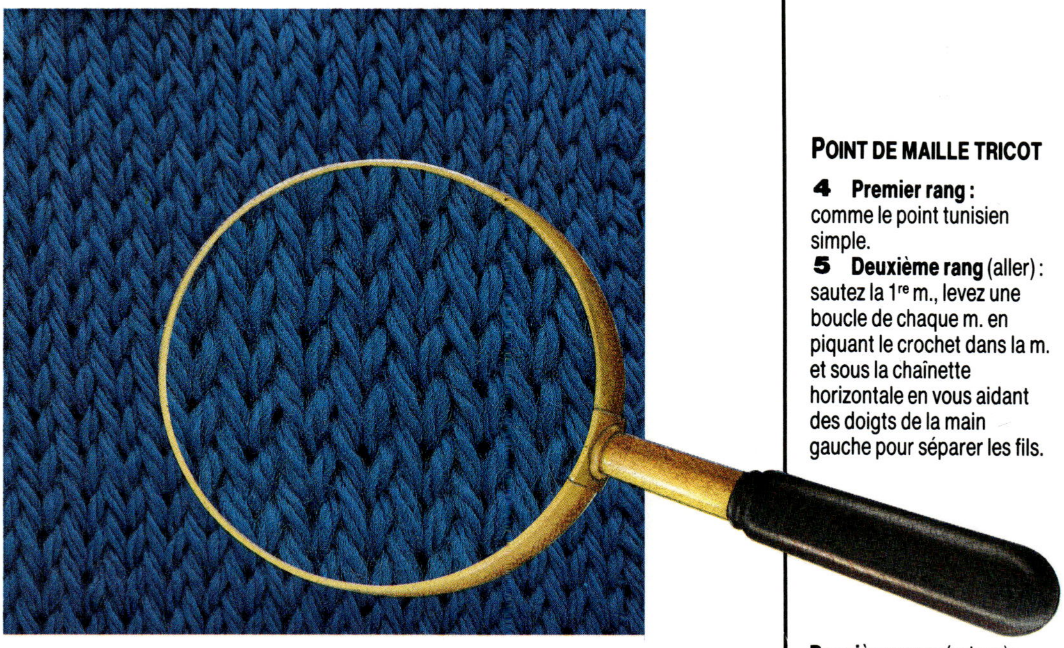

POINT DE MAILLE TRICOT

4 Premier rang : comme le point tunisien simple.

5 Deuxième rang (aller) : sautez la 1re m., levez une boucle de chaque m. en piquant le crochet dans la m. et sous la chaînette horizontale en vous aidant des doigts de la main gauche pour séparer les fils.

Deuxième rang (retour) : comme le retour du 1er rang. Répétez toujours le 2e rang.

1

2

POINT COQUILLE À JOURS

Sur une chaînette multiple de 4 + 2.

1 Premier rang (aller) : comme le point tunisien simple.

Premier rang (retour) : 3 m.l., 1 jeté, passez-le au travers de 6 m. (soit la m.l. et les 5 boucles suivantes), (X) 4 m.l., 1 jeté, passez-le au travers des 6 m. suivantes, reprenez à (X) puis terminez par 2 m.l. et 1 jeté que l'on passe au travers des 2 dernières m.

2 Deuxième rang (aller) : levez 1 boucle de chacune des 2 premières m.l., 1 boucle de la coquille, (X) 1 boucle de chacune des 4 m.l. suivantes, 1 boucle de la coquille, reprenez à (X) puis terminez par 1 boucle de chacune des 3 m.l. suivantes.

Deuxième rang (retour) : comme le retour du 1er rang. Répétez toujours le 2e rang (aller et retour).

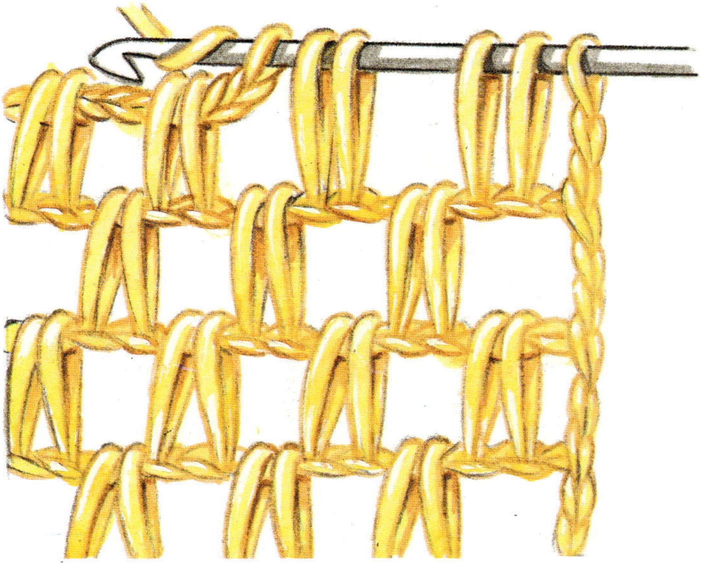

3

POINT AJOURÉ

3 Sur une chaînette d'un nombre pair de m.
Premier rang (aller) : comme le point tunisien simple.
Premier rang (retour) : 2 m.l., (X) 1 jeté, tirez-le au travers de 3 m., 1 m.l., reprenez à (X) puis terminez par 1 jeté que l'on passe au travers des 2 boucles restantes.
Deuxième rang (aller) : levez 1 boucle de la première boucle horizontale (chaînette de retour) et 1 boucle de chacune des 2 m. chaînette qui se trouvent entre les points suivants.
Deuxième rang (retour) : 1 m.l., 1 jeté, tirez-le au travers de 2 m., (X) 1 m.l, 1 jeté, tirez-le au travers de 3 m., reprenez à (X).
Troisième rang (aller) : levez 1 boucle de chacune des 2 m. chaînette qui se trouvent entre les points puis 1 boucle de la dernière m.
Troisième rang (retour) : comme le retour du 1er rang.
Répétez toujours les 2e et 3e rangs (allers et retours).

1

2

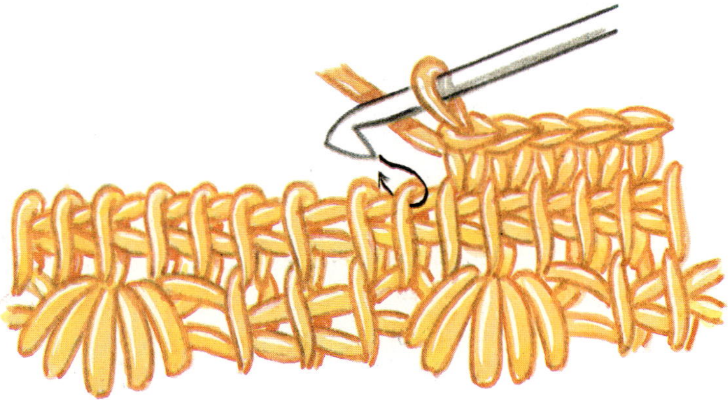

3

POINT COMPOSÉ

1 Motifs alternant 3 m. simples et 1 coquille de 5 boucles.
2 Détail du point : (X) 3 boucles pour 3 m. simples, 2 m.l., 5 boucles prises ensemble pour former la coquille, 2 m.l., reprenez à (X) sur toute la longueur.
3 La bande terminée, avec un crochet normal, faites 1 rang de m.s. en piquant le crochet sous chaque bride formée par les boucles du dernier rang. Pour une tête plus haute, crochetez 2 rangs de m.s.

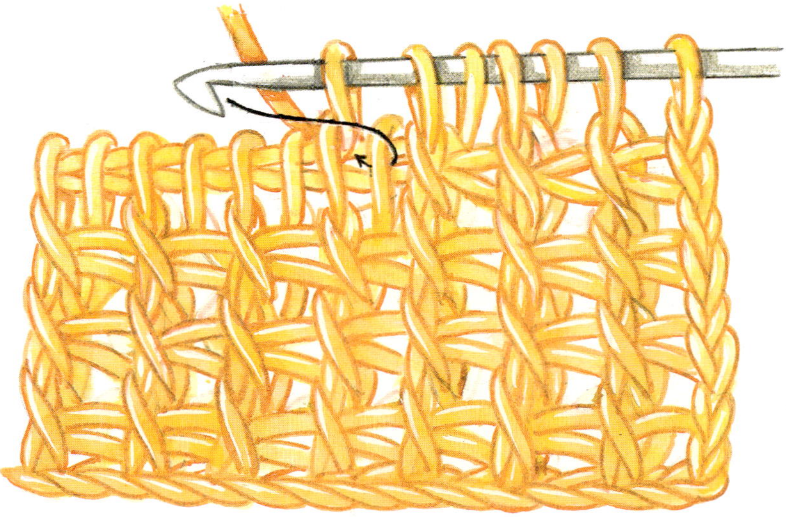

4

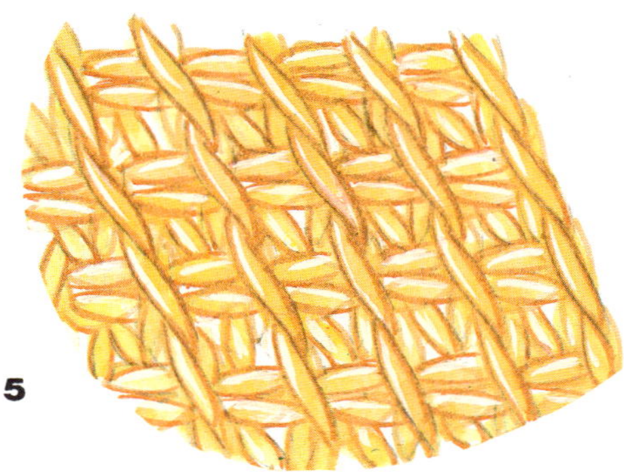

5

POINT CROISÉ DROIT

4 Sur une chaînette d'un nombre impair de m.
Premier rang : comme le point tunisien simple.
Deuxième rang (aller) : 1 m.l. (cette m. peut être supprimée si vous travaillez souplement), sautez la m. lisière, (X) sautez 1 m. verticale, piquez le crochet dans la m. suivante, 1 jeté, tirez 1 boucle, piquez le crochet de droite à gauche dans la 1re m. sautée, tirez 1 boucle, reprenez à (X).
Deuxième rang (retour) : comme le point tunisien simple.
Répétez toujours le 2e rang.

POINT CROISÉ EN BIAIS

5 Premier et deuxième rangs : comme le point croisé droit.
Troisième rang (aller) : 1 m.l., sautez la m. lisière, levez 1 boucle de la 1re m. verticale, (X) sautez 1 m., levez 1 boucle de la m. verticale suivante puis de la m. sautée, reprenez à (X) et terminez par 1 boucle levée de la dernière m.
Troisième rang (retour) : comme le point tunisien simple.
Répétez les 2e et 3e rangs (aller et retour).

Dos

Avec le fil bleu, faites une chaînette de 80 m.l. (50 cm environ) et crochetez au pt tunisien de base rayé ainsi : faites 3 r. bleus (1 r. = 1 aller et retour) ; 1 aller jaune, 1 retour noir ; 1 aller vert, 1 retour jaune ; 1 r. vert ; 1 aller noir, 1 retour ciel ; 3 r. bleus ; 3 r. en altern. 1 aller noir et 1 retour jaune ; 1 aller noir, 1 retour bleu ; 1 aller bleu, 1 retour ciel ; 1 aller ciel, 1 retour bleu ; 2 r. en altern. 1 aller bleu et 1 retour vert ; 1 aller vert, 1 retour bleu ; 1 aller bleu, 1 retour vert ; 1 r. noir ; 1 aller noir, 1 retour ciel ; 1 aller jaune, 1 retour bleu ; 1 r. ciel ; 1 aller bleu, 1 retour jaune ; 1 r. ciel ; 1 aller jaune, 1 retour bleu ; 2 r. bleus ; 1 aller vert, 1 retour bleu ; 1 aller bleu, 1 retour ciel ; 1 aller noir, 1 retour bleu ; 1 aller bleu, 1 retour vert ; 1 aller vert, 1 retour bleu ; 1 r. bleu ; 1 aller bleu, 1 retour noir ; 1 r. ciel ; 1 aller ciel, 1 retour jaune ; 1 aller bleu, 1 retour ciel ; 1 aller jaune, 1 retour bleu ; 1 aller bleu, 1 retour jaune ; 3 r. bleus ; 1 aller vert, 1 retour bleu ; 1 aller vert, 1 retour ciel ; 1 aller vert, 1 retour bleu ; 1 aller ciel, 1 retour vert ; 1 aller bleu, 1 retour ciel ; 1 aller jaune, 1 retour bleu ; 1 r. ciel ; 2 r. bleus ; 1 r. noir ; 1 aller bleu, 1 retour vert ; 1 aller noir, 1 retour bleu ; 1 aller vert, 1 retour jaune ; 2 r. bleus ; 1 r. jaune ; 1 r. bleu ; 1 aller jaune, 1 retour ciel ; 1 aller bleu, 1 retour vert ; 1 r. ciel ; 1 aller ciel, 1 retour bleu ; 1 r. bleu ; 1 aller ciel, 1 retour jaune et 1 r. bleu. A partir de 7 cm, dim. de ch. côté 3 f. d'1 m. ts les 7 cm. A 29 cm de haut. tot., pr former les mancherons, augm. de ch. côté 3 f. d'1 m. ts les 2 r. et 5 f. d'1 m. ts les r. Cont. droit sur les 90 m. obtenues. A 55 cm de haut. tot., soit après le dern. r. du pt tunisien de base rayé, arrêtez.

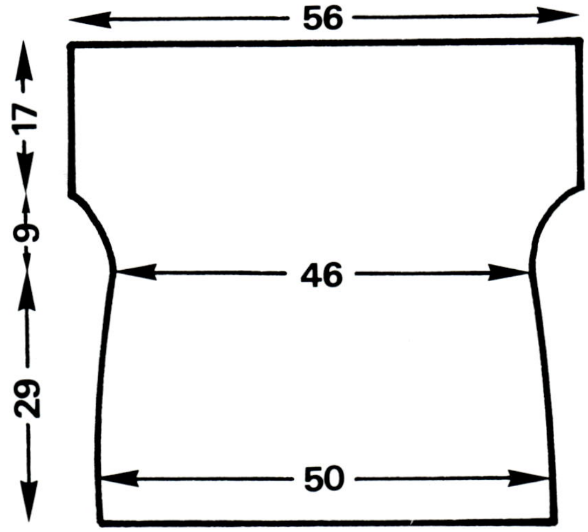

DOS

FOURNITURES

650 g de fil à tricoter 4 fils dont 250 g bleus, 100 g jaunes, 100 g verts, 100 g bleu ciel et 100 g noirs.
4,5 mètres de tresse de laine noire de 4 cm de large.
3 boutons noirs.

POINTS EMPLOYÉS

Point tunisien de base.

Devant gauche

Avec le fil bleu, faites une chaînette de 45 m.l. (28 cm environ) puis crochetez au point tunisien de base rayé (voir dos) en diminuant puis en augmentant à droite comme pr le dos. A 43 cm de haut. tot., diminuez à gauche pour l'encolure, tous les rangs, 1 f. de 11 m. et 2 f. d'1 m. ; continuez droit. A 55 cm de haut. tot., arrêtez les 37 m. rest.

Devant droit

Avec le fil bleu, faites une chaînette de 59 m.l. (37 cm environ) puis crochetez au point tunisien de base rayé (voir dos) en dim. et en augm. à gauche comme pr le dos et en formant 3 boutonnières de 2 m. à 2 m. de la droite ; la prem. étant à 22 cm du bas et les suiv. espacées de 9 cm. A 41,5 cm de haut. tot., dim. à droite pr l'encolure, ts les 2 r., 1 f. de 9 m., 2 f. de 8 m. et 2 f. d'1 m. ; cont. droit. A 55 cm de haut. tot., arrêtez les 37 m.

Assemblage

Cousez les épaules et les côtés. Repliez les mancherons vers l'intérieur sur une largeur de 3 à 4 cm et fixez-les. Coupez 2 morceaux de tresse de 38 cm environ, pliez-les en deux et appliquez-les autour des mancherons au niveau de l'ourlet (voir photo).
Gansez le gilet avec la tresse en la cousant à cheval sur les bords extérieurs. Fixez les boutons en regard des boutonnières.

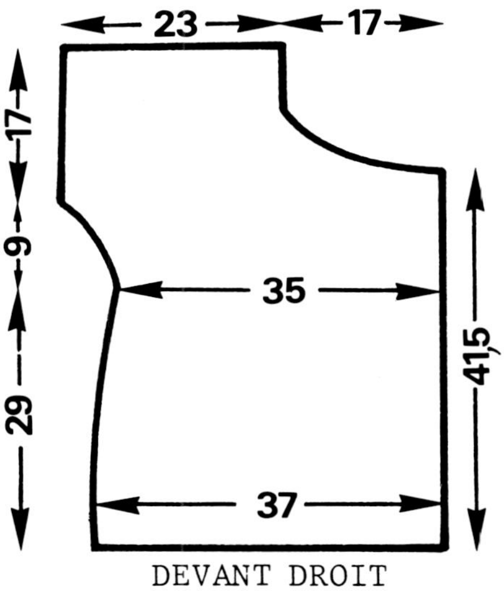

DEVANT DROIT

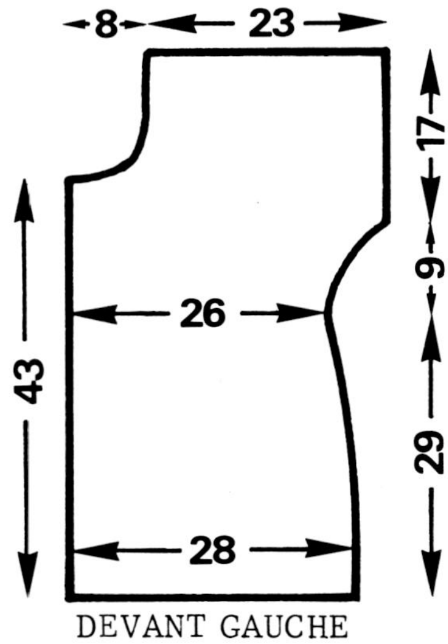

DEVANT GAUCHE

ECHANTILLON

Un carré de 10 cm de côté = 16 m. et 12 r.
Explications données pour une taille 40-42

Fourche

Le crochet à la fourche se travaille sur une grande épingle à deux branches et permet la réalisation de bandes droites tout en boucles qui seront réunies lors de l'assemblage. Le fil, qui s'enroule autour des branches de la fourche en la faisant pivoter à chaque maille, forme de grandes boucles reliées entre elles juste au milieu par un travail de crochet. Ce travail forme l'arête centrale dont le point choisi peut varier les effets et la souplesse. Selon l'écartement des branches, la largeur des bandes, donc des boucles, sera plus ou moins grande.

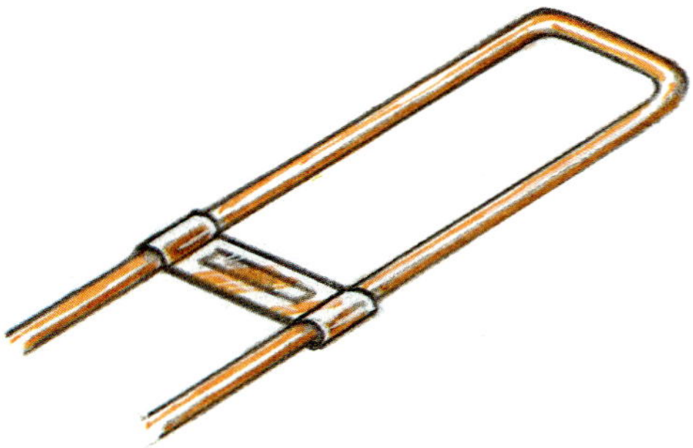

1

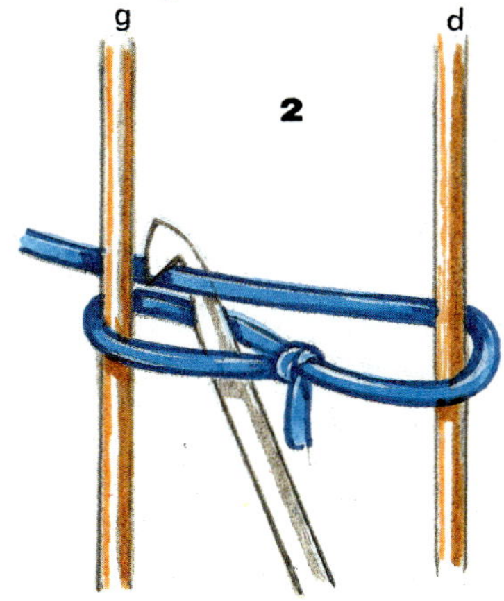

2

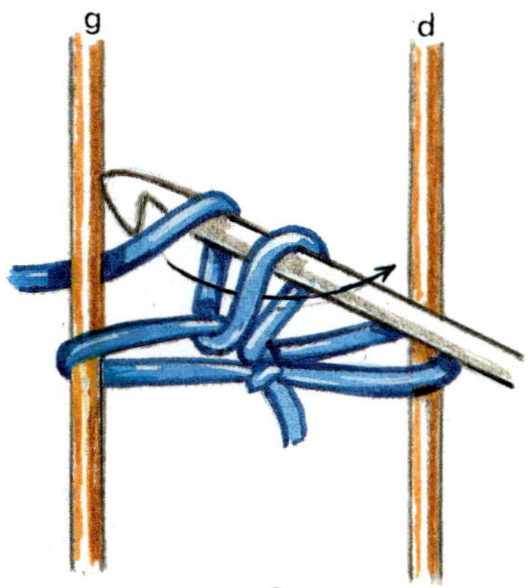

3

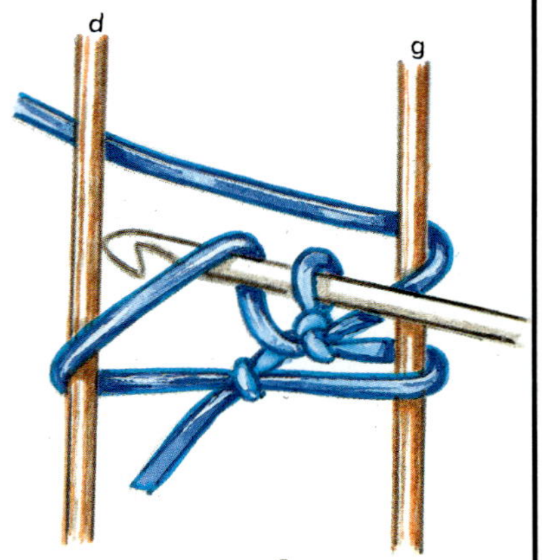

4

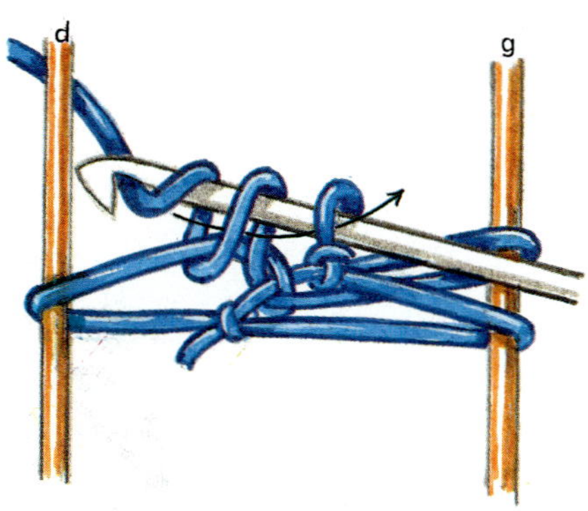

5

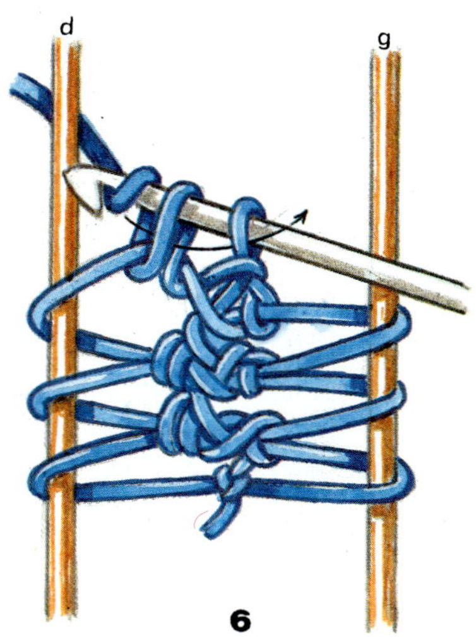

6

LA FOURCHE

1 Grande épingle à deux branches sur lesquelles coulisse une barrette.
2 Enlevez la barrette. Préparez un nœud coulant. Tenez la fourche verticalement de la main gauche. Glissez la boucle de départ sur la branche gauche (g) en plaçant le nœud bien au milieu. Passez le fil autour de la branche droite (d) d'avant en arrière. Tenez le fil de la main gauche. Piquez le crochet dans la boucle, 1 jeté.
3 Tirez pour ramener une boucle et crochetez une m.l.
4 Basculez le crochet entre les branches et, simultanément, faites pivoter la fourche d'un demi-tour d'arrière en avant et de droite à gauche. Les branches changent de côté, le crochet repasse alors devant et le fil encercle la branche droite. Piquez le crochet sous le brin avant de la boucle gauche.
5 Crochetez une m.s.
6 Répétez toujours les explications 4 et 5.

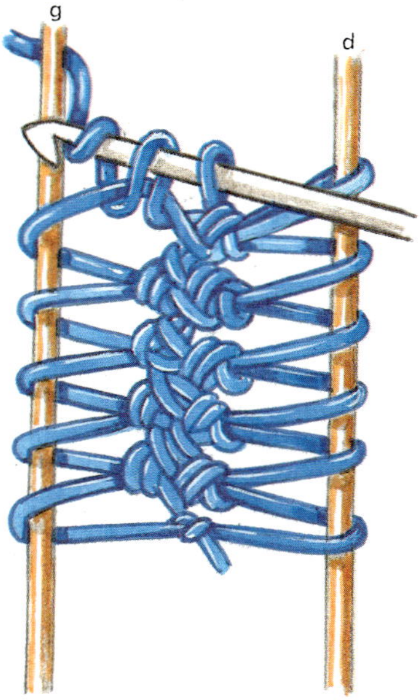

7

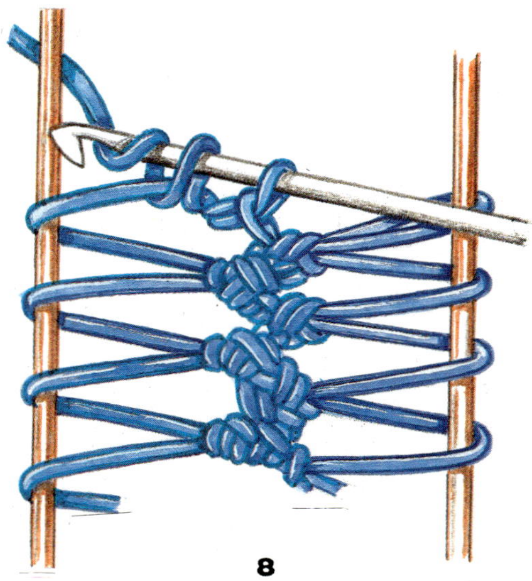

8

9

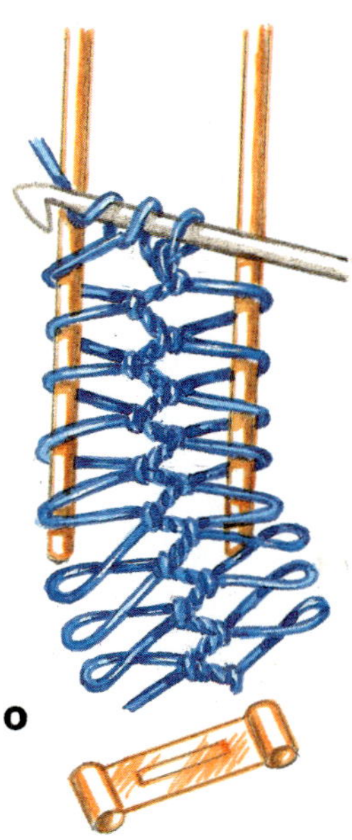

10

Arête classique

7 Crochetez 1 m.s. à chaque demi-tour.

Point double

8 Après avoir réalisé le 1er point, repiquez le crochet sous le même brin pour crocheter une 2e m.s. L'arête se trouve élargie et forme un zigzag plus accentué.

Point triple

9 Après la 1re m.s. de base, faites-en deux autres en piquant toujours dans le même brin.

Conseils

10 Lorsque la fourche est remplie, enlevez la barrette de base, faites glisser les boucles hors des branches à l'exception des 4 dernières. Replacez la barrette et continuez le travail.
Afin d'éviter que les boucles dégagées ne s'emmêlent, les rouler sur un morceau de papier.

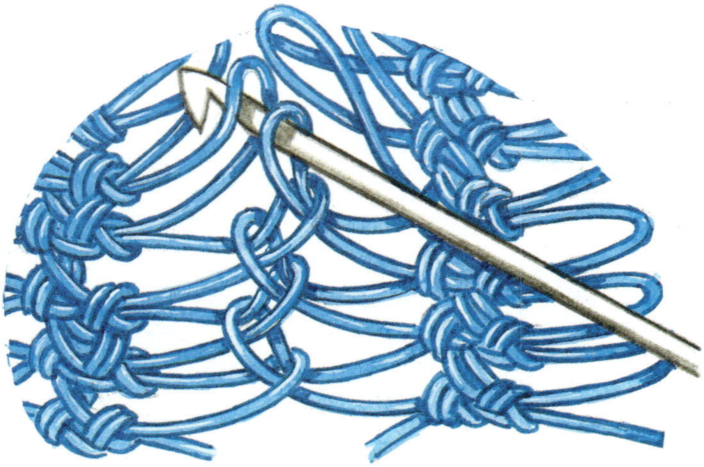

1

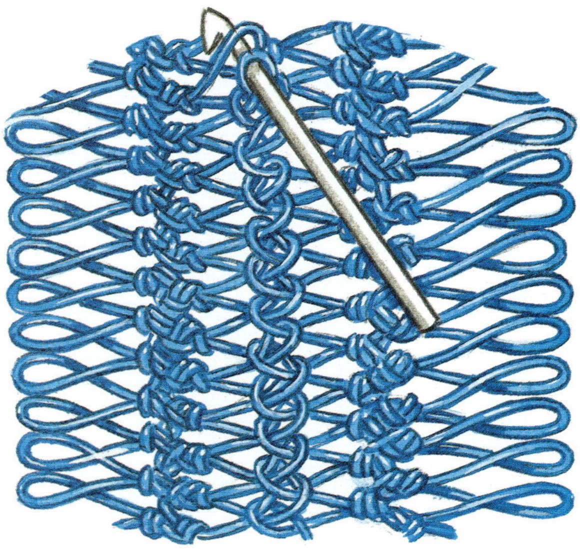

2

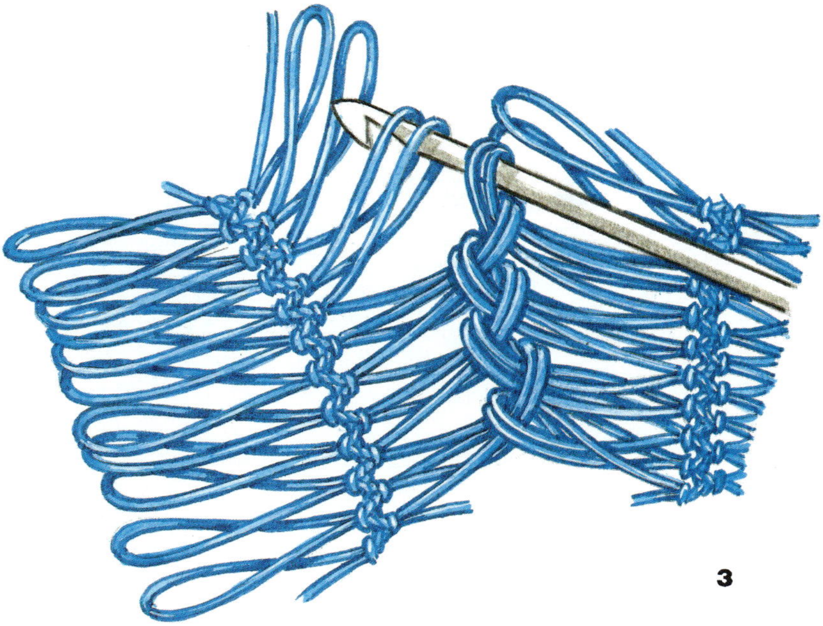

3

ASSEMBLAGE DES BANDES

Par les boucles

1/2 Réunissez les bandes avec la seule aide du crochet. Piquez le crochet dans la première boucle de la bande gauche, piquez dans la boucle correspondante de la bande opposée. Ramenez cette boucle au travers de la première. Continuez en prenant alternativement une boucle de chaque bande.

3 Ce travail peut se faire en prenant plusieurs boucles ensemble, mais toujours en même nombre et prises très régulièrement.

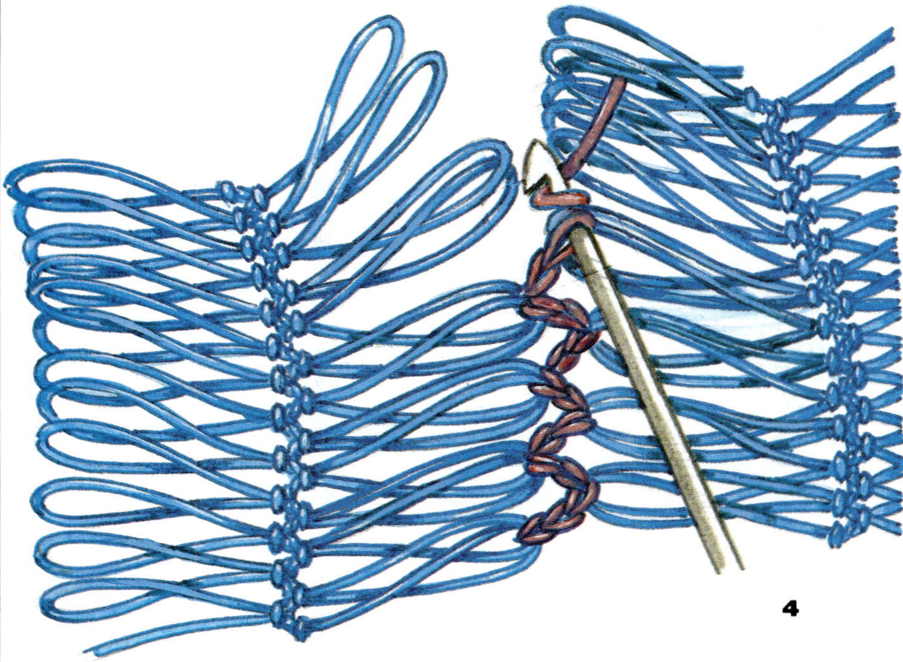

4

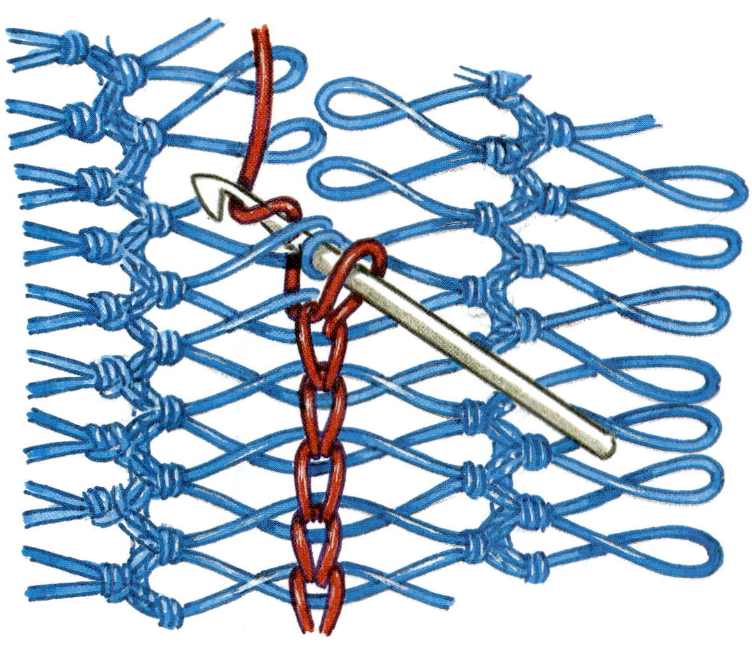

5

Au point de chaînette

4 Prenez un fil supplémentaire. Avec le crochet, (X) relevez 2 boucles d'une des bandes, faites 1 m.s. et 1 ou 2 m.l. ; piquez le crochet dans les 2 boucles correspondantes de la bande opposée, crochetez 1 m.s. et 1 ou 2 m.l., reprenez à (X). Ce travail peut se faire aussi en groupant plusieurs boucles.

En mailles coulées

5 Se fait avec un fil supplémentaire. Tenez le fil sous l'ouvrage, piquez le crochet dans une boucle de la bande de droite et 1 boucle de celle de gauche, réunissez-les par 1 m.c. avec le fil supplémentaire toujours laissé sous les bandes. Piquez ensuite dans les boucles supérieures, etc.

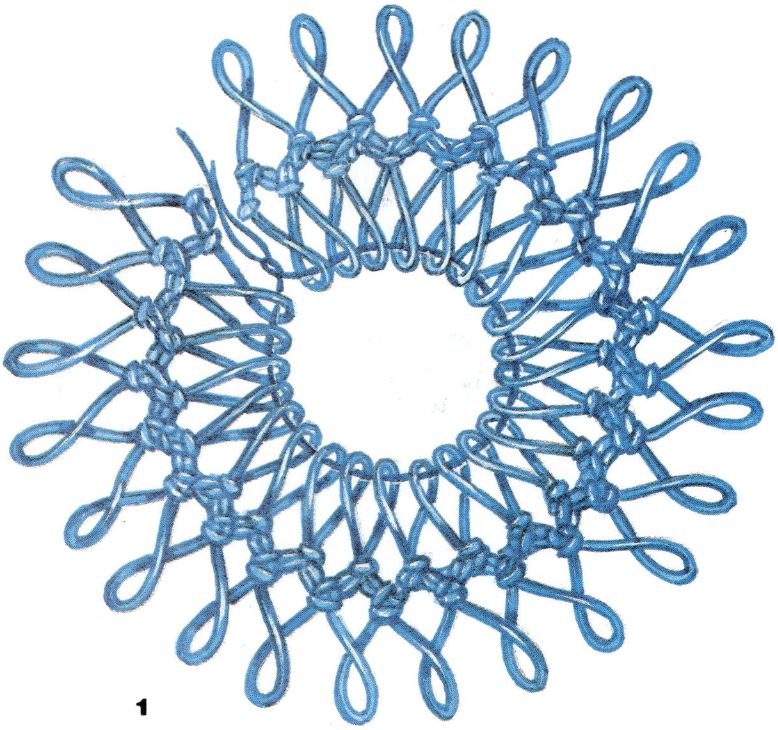

1

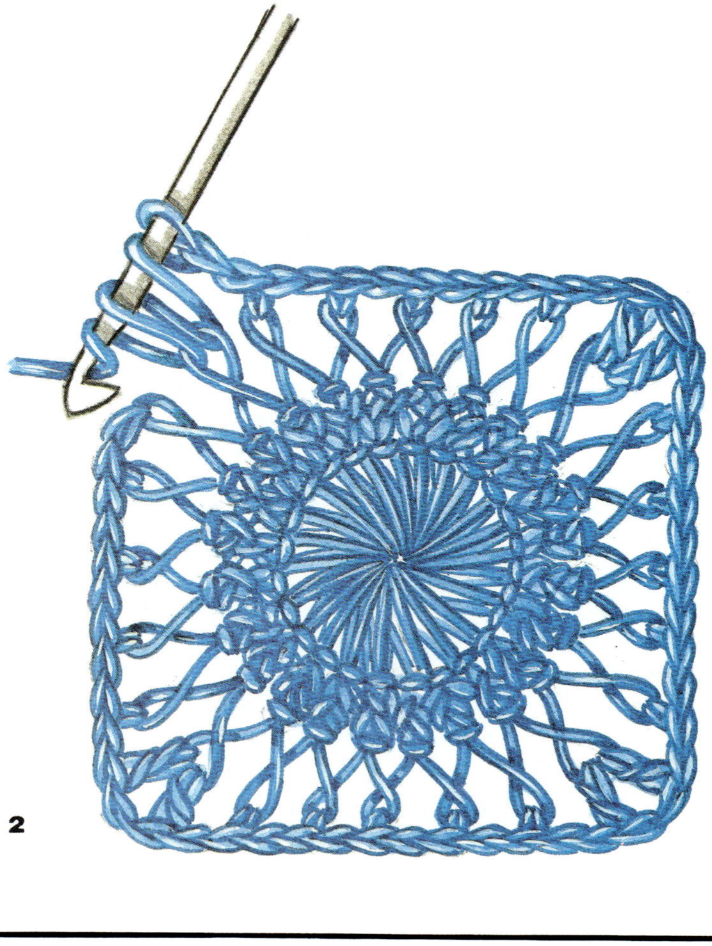

2

LES MOTIFS

Pour obtenir des motifs, avant d'enlever les boucles de la fourche, il vous faut passer un fil dans les boucles d'un côté.

1 Le rond
Passez le fil dans 24 boucles (ou plus), enlevez la fourche, serrez le fil et nouez-le. Avec une maille coulée, fermez l'arête centrale en fixant les 2 extrémités de la bande de fourche après en avoir disposé les boucles en un rond parfait.

2 Le losange ou le carré
Le nombre de boucles à faire sur chaque branche doit être divisible par 4 (ici 24 boucles). Comme pour le rond, resserrez les boucles intérieures en nouant un fil. Sur les boucles extérieures, faites un rang au crochet ainsi : (X) 1 m.s. dans une boucle et 1 m.l. ceci 5 fois. Sur la boucle suivante (la 6ᵉ) faites 1 B., 1 m.l. et 1 B. puis 1 m.l. Le premier côté du carré est fait. Reprenez à (X) 4 f. en tout et fermez le carré par 1 m.c. dans la 1ʳᵉ m.s.

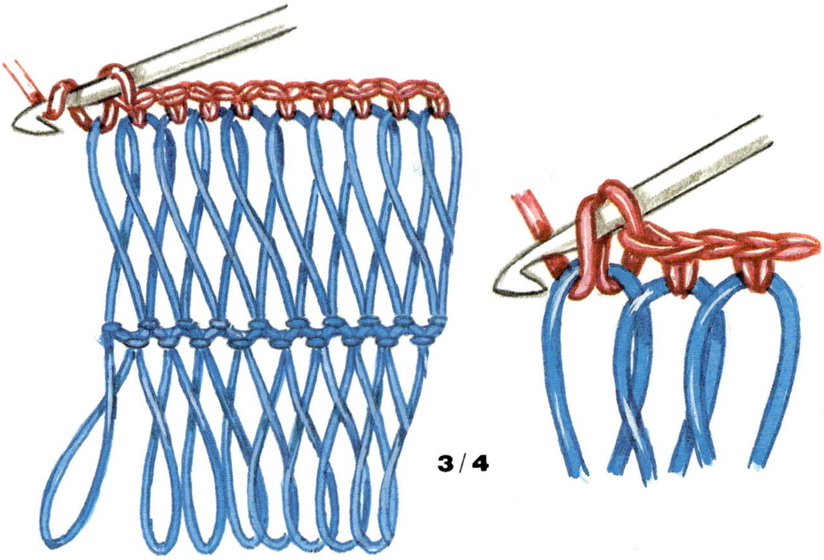

3/4

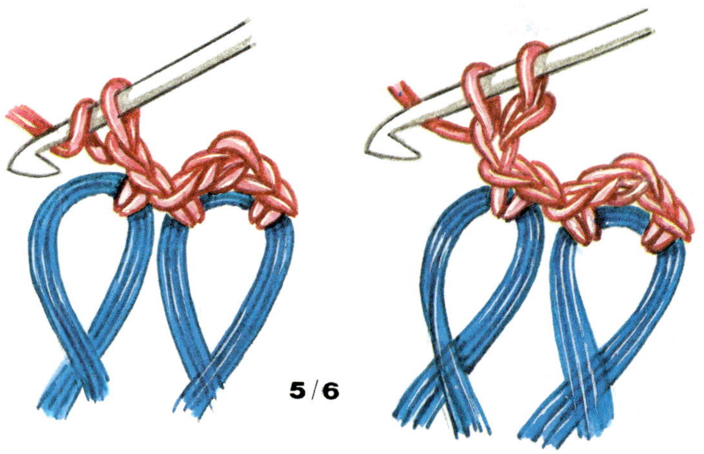

5/6

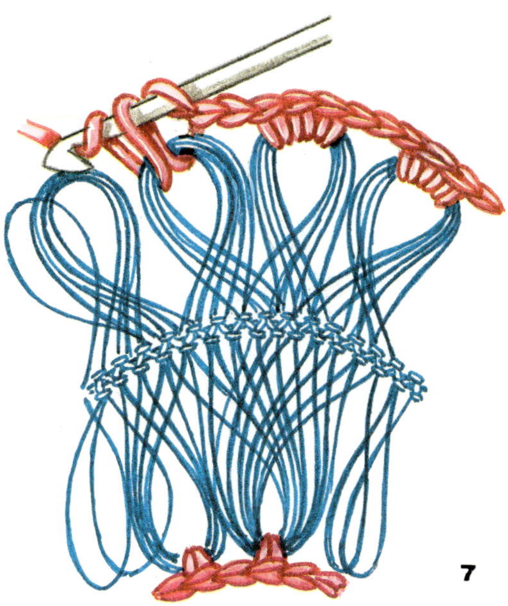

7

Les bordures

En mailles serrées
3/4 Sur 1 ou plusieurs boucles d'un côté : 1 m.s. dans la première boucle, (X) 1 m.l., 1 m.s. dans la boucle suivante, reprenez à (X).

Avec picot
5/6 Dans chaque boucle ou groupe de boucles : 1 m.s., 1 picot (3 m.l. et 1 m.s. dans la 1re de ces m.) et 1 m.s. dans la boucle.

En entre-deux dentelé
7 Sur un côté de la bande : (X) 3 m.s. dans 1 groupe de boucles, 2 m.l., 3 m.s. dans le groupe suivant, 2 m.l., 3 m.s. dans le 3e groupe, 2 m.l., prenez ensemble les 3 groupes de boucles suivants, 1 m.s. dans ces groupes réunis, 2 m.l. Reprenez à (X). Sur le côté opposé, même travail en plaçant les 3 groupes réunis sous les 3 groupes indépendants et vice versa. Pour former des entre-deux, faites une bordure sur chacun des bords de la bande de fourche en ayant soin de bien faire concorder la disposition des boucles de chaque bord.

Coussin beige rosé

FOURNITURES

150 g de ruban pour tricot ou de gros coton.
Une fourche de 6 cm.
Un crochet nº 3 1/2.
50 cm de doublure de satin.
Kapok pour le bourrage.
Le coussin mesure 32 × 44 cm.

Faites à la fourche 5 bandes de 101 boucles de chaque côté.
Réunissez les bandes boucle à boucle ainsi : placez les 2 bandes à assembler côte à côte, bien à plat devant vous. Avec le crochet prenez la 1re boucle de la 1re bande, prenez ensuite la 1re boucle de la 2e bande (comme elle se présente) et faites-la passer au travers de la boucle qui est déjà sur le crochet, (X) prenez la boucle suiv. de la 1re bande et faites-la passer au travers de celle qui est sur le crochet, prenez la boucle suiv. de la 2e bande et faites-la passer au travers de celle qui est sur le crochet, reprenez à (X).
Réunissez les 3 autres bandes.
Coupez la doublure aux dimensions de l'ouvrage en ajoutant tout autour 1 cm pour les coutures. Pliez la bande en deux, endroit contre endroit et fermez par une couture faite à la machine en réservant une ouverture de 10 cm environ. Retournez sur l'endr., bourrez et fermez l'ouverture. Reprenez l'ouvrage, pliez-le en deux. Fermez un grand côté boucle à boucle puis le petit côté par 1 tour de m.s. Retournez l'ouvrage sur l'endroit puis fermez le dernier côté boucle à boucle. Fixez la dernière boucle par quelques points glissés invisibles.

Polochon dragée

FOURNITURES

250 g de ruban pour tricot ou de gros coton.
Une fourche de 8 cm.
Un crochet nº 3 1/2.
80 cm de doublure de satin.
Kapok pour le bourrage.
Le coussin de 22 cm de diamètre mesure 50 cm de long.

Faites à la fourche 6 bandes de 100 boucles de ch. côté. Au bord de ch. bande réunissez les boucles ainsi : 1 m.l., (X) avec le crochet prenez 10 boucles (piquez le crochet d'avant en arrière successivement ds ch. m. de façon à les prendre à l'endr.) et crochetez 1 m.c., 5 f. (4 m.l. et 1 m.c. en prenant 2 boucles), 4 m.l., reprenez à (X) puis term. par 1 m.c. sur la 1re m.l. pr fermer en cercle.
Réunissez les 2 extrémités des arêtes centrales par des points glissés invisibles.
En plaçant les motifs en quinconce, assemblez les bandes entre elles par un tour de m.s. fait sur l'env. du trav. (placez les 2 bandes à assembler endr. contre endr. et crochetez en m.s. en piquant en même temps ds 1 m. de la bande du dessus et ds 1 m. de la bande du dessous).
Dans la doublure, coupez deux disques de 24 cm de diamètre et une bande de 72 cm sur 52 cm de long. Pliez cette bande endr. contre endr. Piquez le long du bord en réservant une ouverture et fixez les cercles autour des extrémités. Retournez sur l'endr., bourrez et fermez l'ouverture, glissez l'ouvrage sur le coussin de satin et fixez par des pts glissés invisibles faits le long de la couture des disques.

Vêtements au Crochet

Avant de commencer la réalisation d'un vêtement, étudiez bien sa forme et le point à exécuter.
Si vous suivez un modèle publié dans « Modes et Travaux », par exemple, faites un échantillon du point et, d'après cet échantillon, augmentez ou diminuez pour obtenir le nombre de mailles nécessaires pour vos mesures exactes. Transposez les centimètres de vos mesures en nombre de mailles pour les largeurs, puis en rangs pour les hauteurs.
Si c'est une création personnelle, établissez un patron sur papier à vos mesures. Pour contrôler la progression du vêtement que vous exécutez, il vous suffit de vérifier les diminutions ou augmentations en posant votre ouvrage sur le patron.

Les boutonnières

Horizontale :

1 A l'emplacement voulu, faites 3 m.l. (moins ou plus selon la largeur de la boutonnière), sautez 3 m. du rang précédent. Reprenez ensuite le point de crochet pour finir le rang.

2/3 Au rang suivant, crochetez sur les m.l.

Verticale :

4 Au niveau de la boutonnière, travaillez en aller-retour sur les m. de droite (laissez celles de gauche en attente). Faites autant de rang que la hauteur de la boutonnière le nécessite. Laissez en attente.

5 Reprenez les mailles de gauche et crochetez autant de rangs qu'à droite.

6 Au rang suivant, crochetez sur les m. de droite, piquez le crochet dans la 1re m. de gauche pour fermer le haut de la boutonnière et terminez le rang.

Ces boutonnières peuvent ensuite être brodées.

1

2

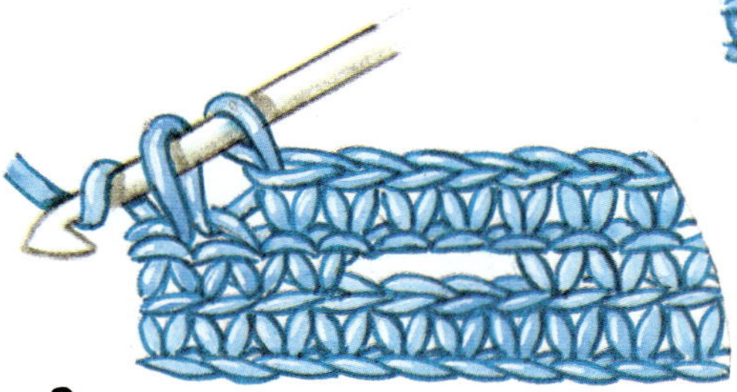

3

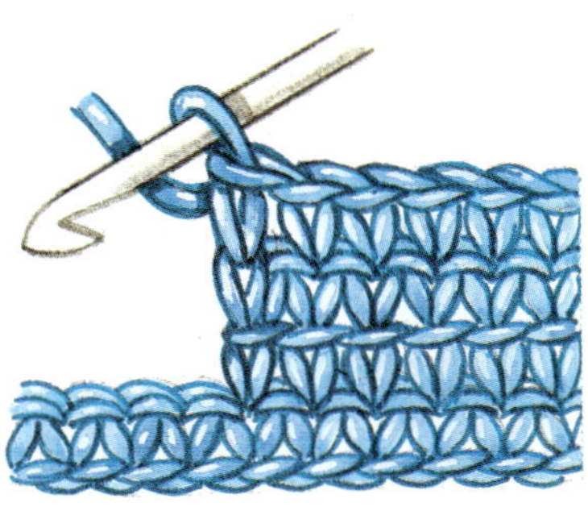

4

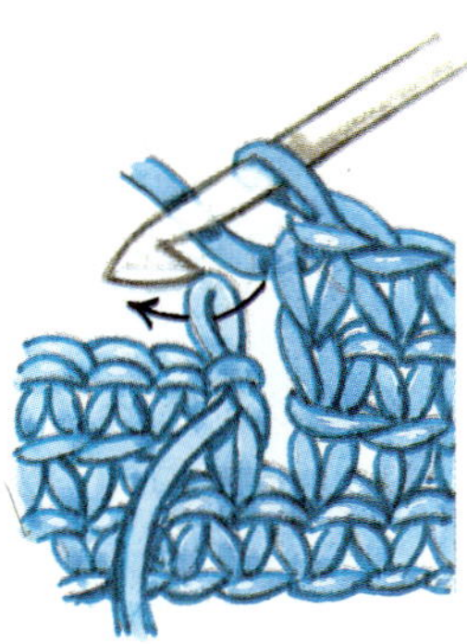

5

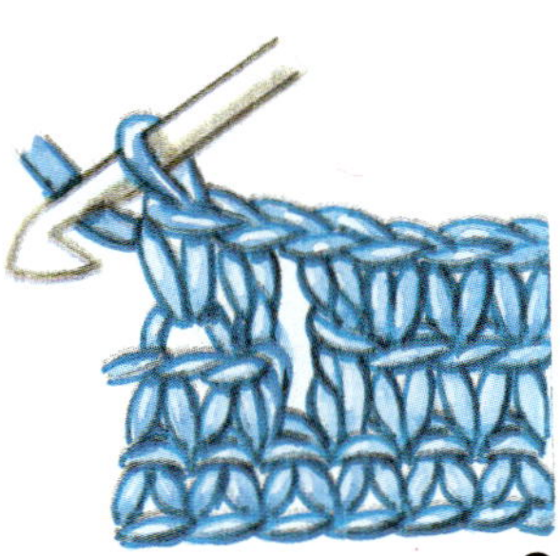

6

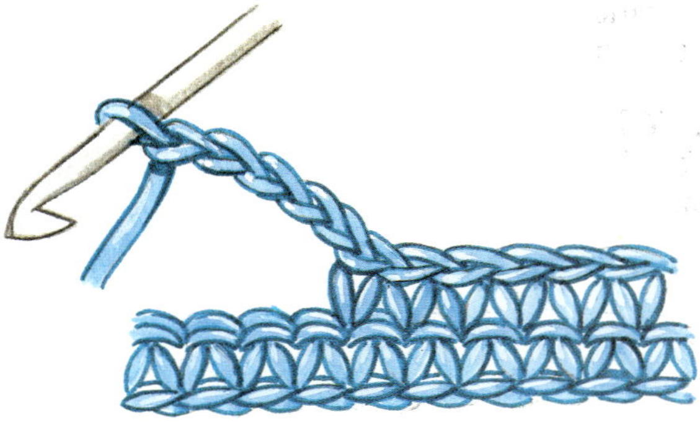

7

8

9

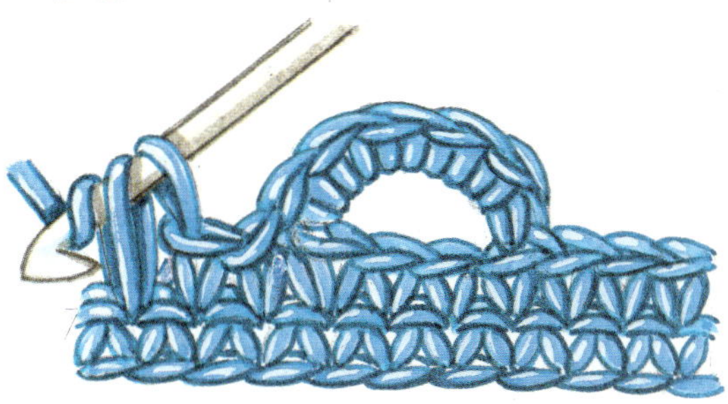

10

11

12

LES BRIDES

En mailles serrées :

7 Continuez le rang par des m.l. (selon l'importance de la bride).

8 Tournez l'ouvrage, sautez 3 m. du rang et piquez le crochet dans la m. suivante, 1 m.c.

9/10 Retournez l'ouvrage et crochetez en m.s. sur l'arceau de m.l. Continuez le rang normalement.

En chaînette double :

11 Très rapidement réalisée. Au cours du rang, faites une chaînette double (voir page 14).

12 Sautez autant de m. que la chaînette et continuez le rang normalement.

BOUTON ROND

1 Faites 3 m.l., fermez-les en cercle.
2 **Premier tour :** faites 1 m.l., 8 m.s. ou plus dans le cercle, 1 m.c. dans la m.l. du début.
3 **Deuxième tour :** faites 1 m.l., en piquant le crochet dans le trou central, tirez une boucle longue, 1 jeté, passez-le au travers des 2 boucles (16 fois en tout) 1 m.c. dans la m.l. du début.
4 **Troisième tour :** faites 1 m.s. en travaillant 1 m. sur 2. Arrêtez. Fermez en croix l'envers du bouton.
5 Bouton terminé.

BOUTON SUR ANNEAU

6 Autour d'un anneau, crochetez tout en m.s. et terminez par 1 m.c. dans la première m. pour fermer.

BOUTON EN PAMPILLE

Faites 4 m.l., fermez-les en cercle, 2 m.s. dans chaque m. en tournant jusqu'à avoir 16 m.s. en tout.
7 Augmentez ensuite d'1 m. toutes les 2 m. : (X) 1 m.s. dans 1 m. du rang précédent, 2 m.s. dans la m. suivante, reprenez à (X). Quand vous avez 24 m., travaillez droit pendant 3 tours.
8 Diminuez ensuite en faisant 1 m.s. toutes les 2 m. A l'intérieur, placez une petite boule d'ouate très serrée.
Continuez de crocheter en enfermant cette boule et en diminuant régulièrement pour n'avoir que 2 m. Fermez par 1 m.c. Terminez par une chaînette de 20 m. environ.

1

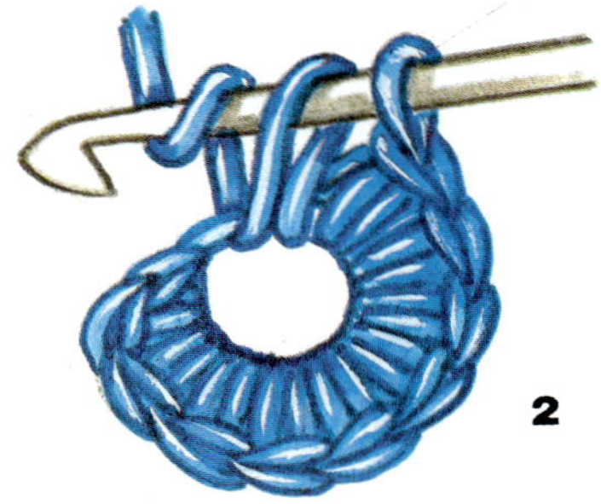
2

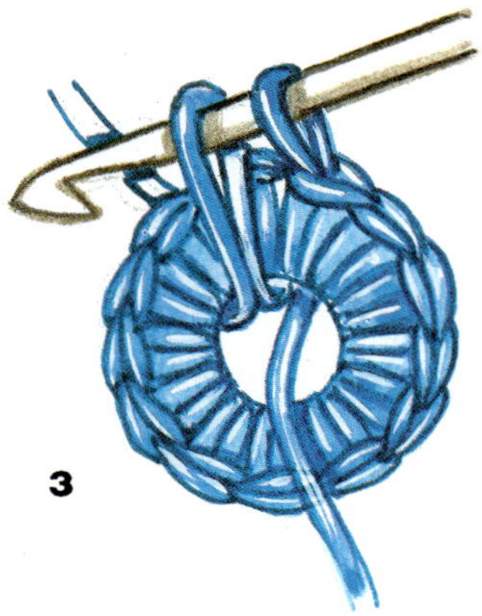
3

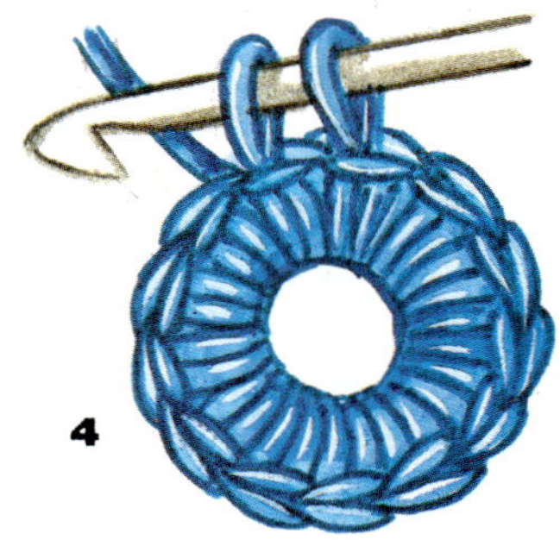
4

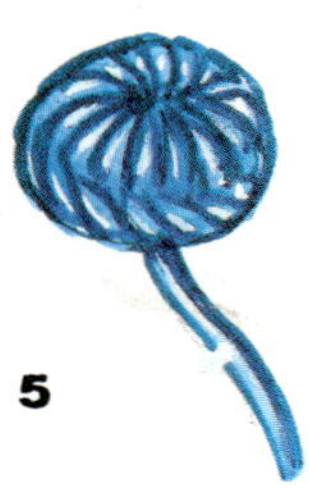
5

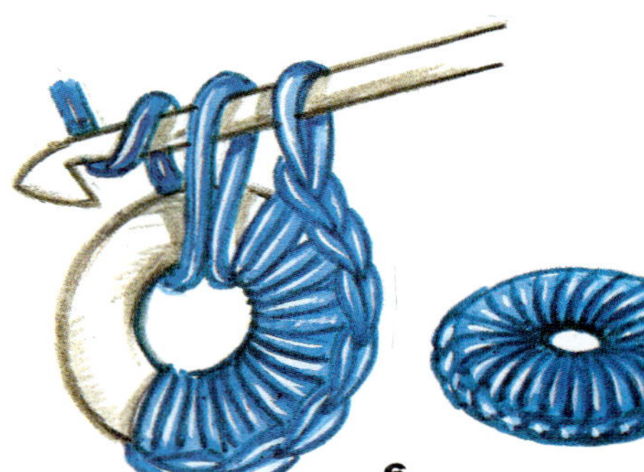
6

7

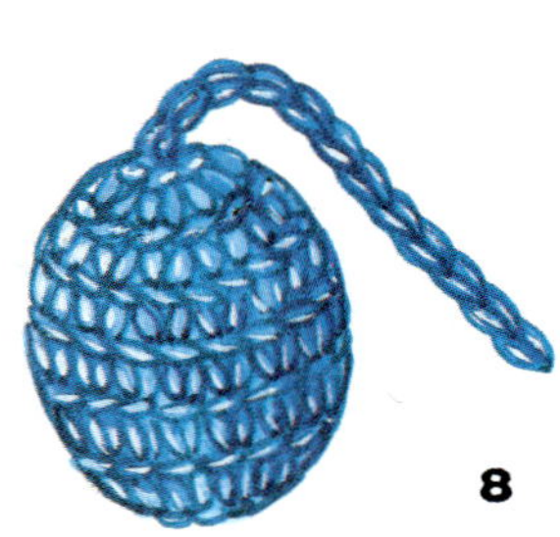
8

9

10

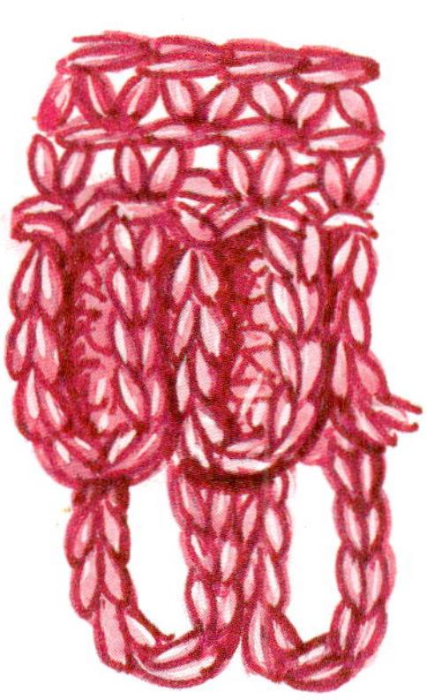

11

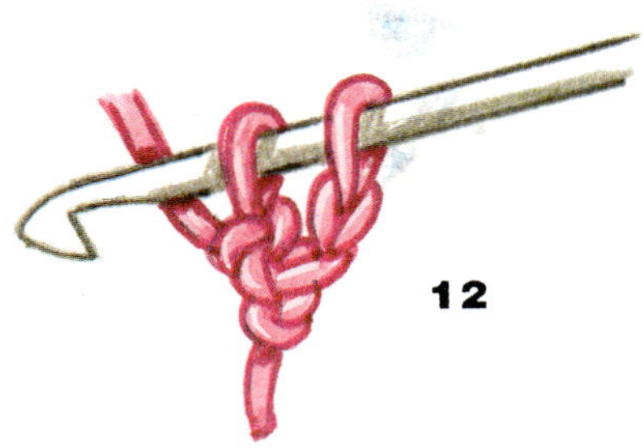

12

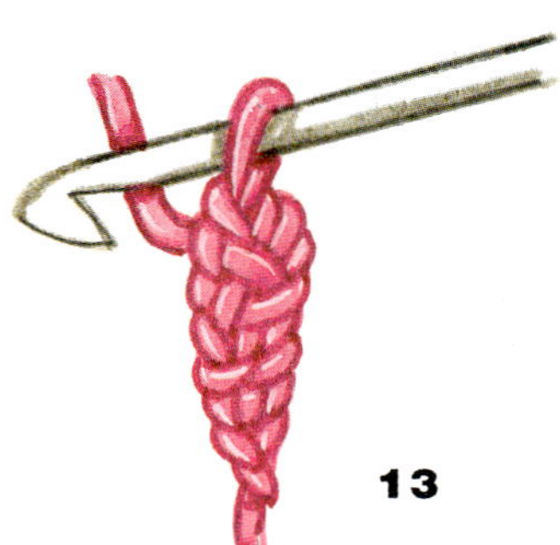

13

FRANGE CHAÎNETTE

9 Sur une base de m.s. de 2 rangs, crochetez 1 m.l., (X) 1 m.s. dans la première m.s., à la suite 8 m.l. (ou plus selon la longueur de la boucle désirée) et 1 m.s. dans la m. suivante pour fermer la boucle ; reprenez à (X) jusqu'au bout du rang.

10/11 Ce point en répétition donne un aspect de point de fourrure, style astrakan. On crochètera 1 ou 3 rangs de m.s. entre chaque rangée de franges.

GANSE RONDE

Faites une chaînette de 3 ou 4 m. et fermez-la en cercle.

12 Travaillez en tournant en m.c. en piquant le crochet dans le brin arrière de la maille du tour précédent.

13 Crochetez ainsi la longueur de ganse voulue.

Le crochet terminé, le plus important pour l'effet final reste à faire : le montage, car de lui dépend le chic de votre vêtement.
Contrôlez en premier la mesure des morceaux qui doivent être identiques : manches, devants, poches, etc. Vérifiez au centimètre près et si cela s'avère utile, ajoutez ou défaites un ou deux rangs.
Eplinglez ensemble les pièces identiques et repassez-les sous un tissu sans les écraser afin de ne pas aplatir les points ni de détendre le fil, surtout si celui-ci est en synthétique.
En premier, bâtissez les épaules et, comme pour un vêtement de tissu, fixez les manches aux emmanchures avant de les fermer. Bâtissez les côtés et les dessous de manches, puis essayez pour bien contrôler l'aspect du vêtement. Si tout va bien, faites les coutures définitives. Cet assemblage se fait de différentes façons, avec une aiguille au point de surjet : c'est rapide et simple mais à éviter pour les ouvrages réalisés en gros fil car l'épaisseur de la couture serait trop grande et trop visible. Pour les fils fins, aucun problème. Posez les deux bords à assembler l'un sur l'autre et cousez-les en

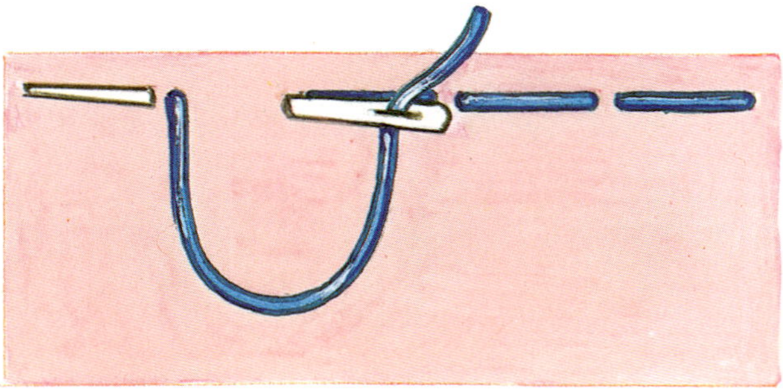

1

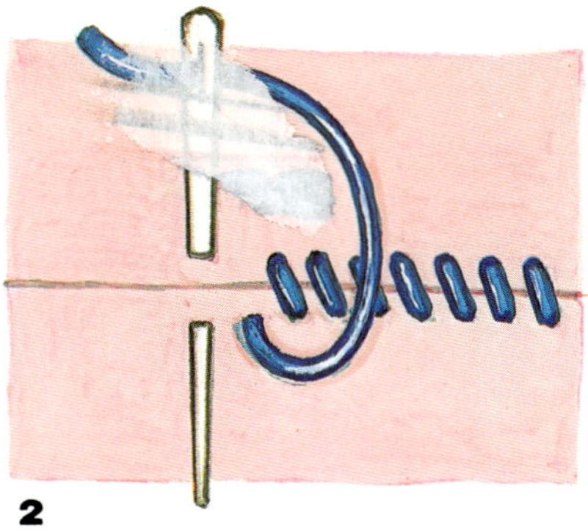

2

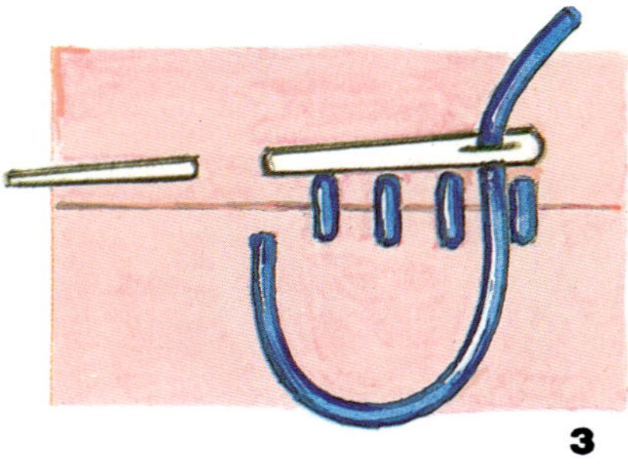

3

LES COUTURES

A point arrière

1 Placez les deux épaisseurs l'une sur l'autre, endroit contre endroit, et piquez dans les deux épaisseurs.

En surjet plat

2 Placez les morceaux l'un contre l'autre et faites un surjet bien à plat.

D'un bord à l'autre

3 En alternance, un point horizontal sous l'ouvrage, un point à cheval sur les deux morceaux.

prenant les deux épaisseurs.
Comme pour le tricot aux aiguilles, la couture la plus parfaite est celle effectuée à point glissé. Elle est plus longue à réaliser mais le résultat vaut le temps passé, car elle est pratiquement invisible si vous faites bien concorder les rangs de crochet.
Posez bien vos deux morceaux en vis-à-vis en piquant l'aiguille alternativement dans la pièce de gauche puis dans celle de droite ; vous ramenez les bords côte à côte sans trop serrer vos points.
Pour les ouvrages très fins, un assemblage à point arrière (point de piqûre) doit être utilisé de préférence.
Un assemblage pratique, facile à réaliser, c'est celui que vous faites au crochet au point de mailles serrées ou de chaînette en prenant les deux épaisseurs. Cet assemblage peut se défaire facilement, il est parfait pour les vêtements d'enfants.
Pour régulariser les coutures et faciliter le montage, faites au bord de chaque morceau du vêtement un rang de mailles serrées en piquant uniquement dans les mailles de lisière. Amidonnez légèrement vos napperons, cela leur donnera plus de tenue et plus d'éclat.

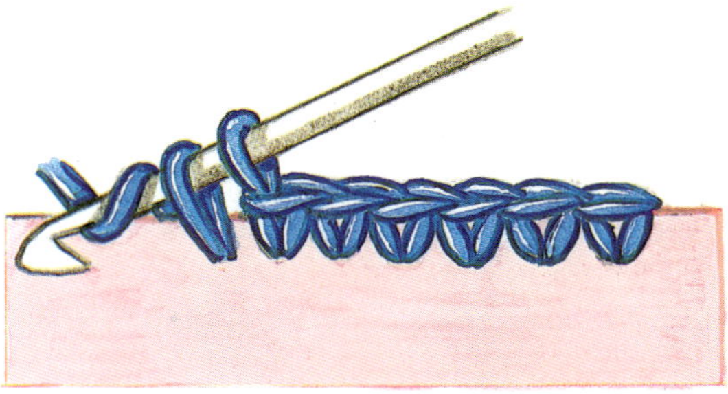

4

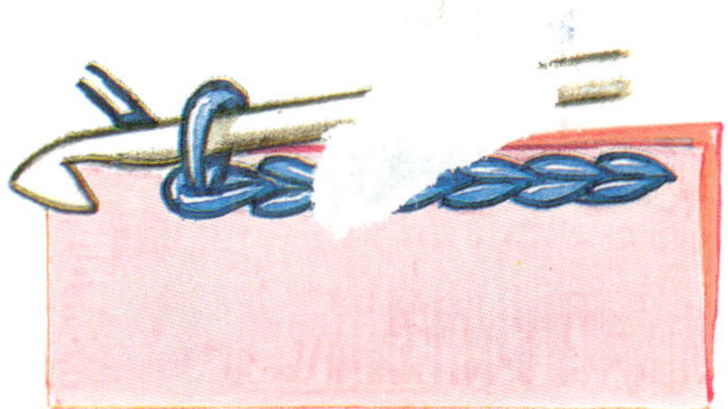

5

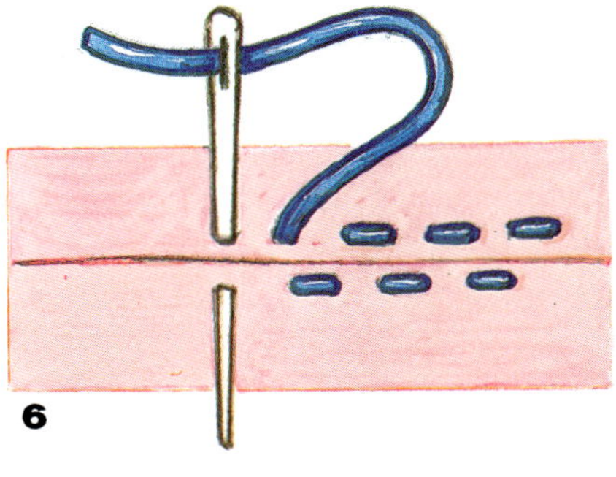

6

En mailles serrées

4 Les deux morceaux placés l'un sur l'autre, endroit contre endroit, piquez le crochet dans les deux épaisseurs.

En mailles coulées

5 Les morceaux placés l'un sur l'autre, endroit contre endroit, traversez les deux épaisseurs avec le crochet fil dessous.

Bord à bord

6 Faites 1 point devant sur l'un des bords, 1 point devant sur le bord opposé.

FOURNITURES

Coton Mélanie blanc de Chanteleine.
Crochet n° 3.
Pour la taille 38-40 : 650 g ;
pour la taille 42-44 : 700 g ;
pour la taille 46-48 : 800 g.

POINTS EMPLOYÉS

Maille en l'air (m.l.)
Bride (B.)
Deux brides fermées ensemble (2 B. ferm. ens.).

POINT DE GRILLE

Se fait, pr l'échantillon, sur une chaînette d'un nombre impair de m.l. ;
Premier rang : 3 m.l. pr tourner (les 2 prem. m.l. comptant pr 1 B.), sautez les 2 prem. m.l. de la chaînette, (X) 1 B. ds la m.l. suiv., 1 m.l., sautez 1 m.l., reprenez à (X) et term. par 1 B. ds la dern. m.l. ;
Deuxième rang et les suivants : 3 m.l. pr tourner, sautez la prem. B. et le prem. arceau, (X) 1 B. sur la B. suiv., 1 m.l., sautez l'arceau suiv., reprenez à (X) et term. par 1 B. ds la 2ᵉ m.l. de départ du rang précédent.

Devant gauche

Commencez par le bas, sur une chaînette de (25,5 cm (61 m.)) 28 cm (67 m.) [29,5 cm (71 m.)], trav. droit au pt de grille en comm. le motif fantaisie au 2ᵉ rang ; pr cela, placez la ligne « A » du dessin à pts comptés sur la (21ᵉ) 25ᵉ [27ᵉ] m. soit en crochetant les 2 prem. B. ferm. ens. sous la m.l. du (11ᵉ) 13ᵉ [14ᵉ] arceau. A (63) 65 [68] cm de haut., creusez l'encolure à gauche sur une largeur de (18) 20 [20] m. et une haut. de 5 rangs ; cont. droit. Pendant ce trav., à (66) 69 [72] cm de haut. tot., biaisez en 3 rangs les (18 cm (43 m.)) 19,5 cm (47 m.) [21 cm (51 m.)] de droite pr l'épaule pr term. à une haut. tot. de (69) 72 [75] cm.

Devant droit

Semblable en intervertissant le travail et en inversant le motif ; pour cela, suivez le dessin à points comptés de gauche à droite en plaçant la ligne « B » sur la (21ᵉ) 23ᵉ [25ᵉ] m., soit en crochetant les 2 prem. B. ferm. ensemble sous la m.l. du (11ᵉ) 12ᵉ [13ᵉ] arceau.

Dos

Comm. par le bas ; sur une chaînette de (51 cm (121 m.)) 55 cm (131 m.) [59 cm (141 m.)], trav. droit au pt de grille. A (66) 69 [72] cm de haut., biaisez en 3 rangs les (18 cm (43 m.)) 19,5 cm (47 m.) [21 cm (51 m.)] de chaque extrémité pour les épaules pour term., à (69) 72 [75] cm de hauteur totale, sur les 37 mailles restant au milieu.

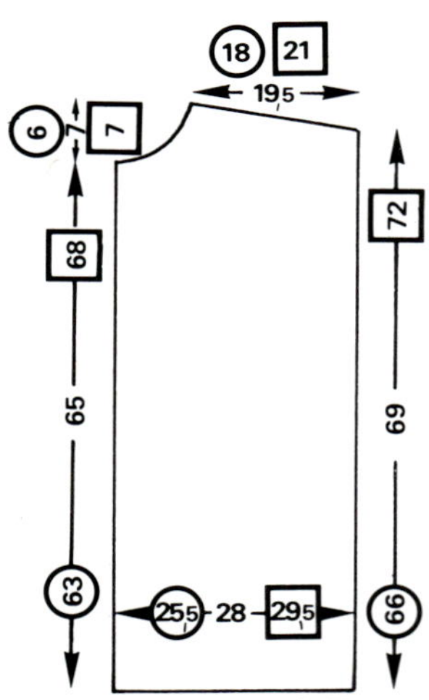

DEVANT GAUCHE

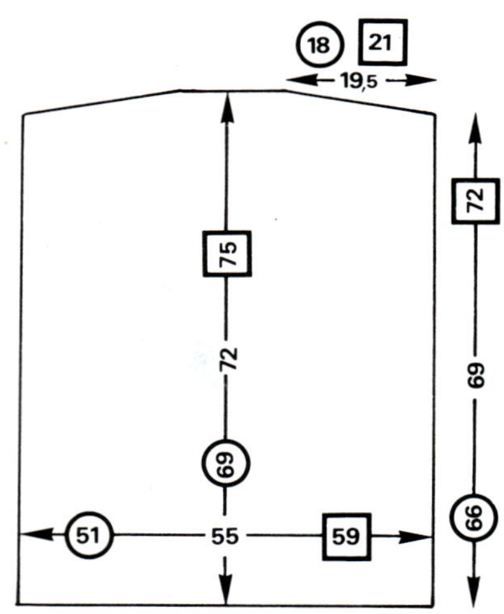

DOS

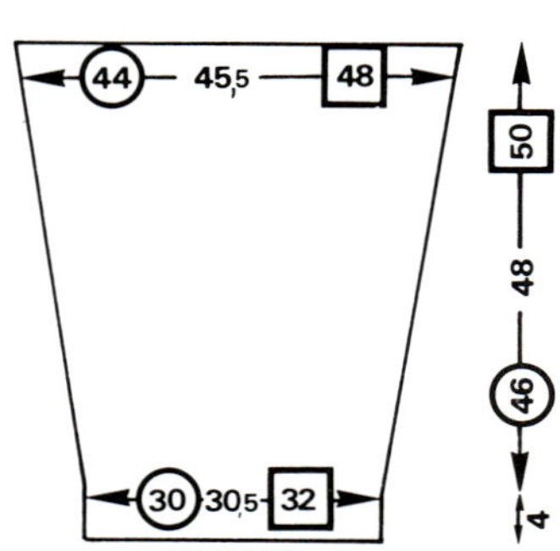

MANCHE

Manches

Pour chacune d'elles, comm. par le bas ; sur une chaînette de (30 cm (71 m.)) 30,5 cm (73 m.) [32 cm (77 m.)], trav. droit au pt de grille. A 4 cm de hauteur, augmenter régulièrement de chaque côté (suiv. le patron) pour terminer, à (50) 52 [54] cm de hauteur totale, sur une largeur de (44 cm (105 m.)) 45,5 cm (109 m.) [48 cm (115 m.)].

Col

Sur une chaînette de (38 cm (91 m.)) 40 cm (95 m.) [41 cm (97 m.)], trav. droit au pt de grille pendant 6 rangs ; arrêtez.

Finitions

Par un surjet plat, assemblez les devants et le dos par les coutures d'épaules et de côtés en laissant ds le haut une ouverture de (21,5) 22 [23,5] cm pr le montage des manches. Fermez ces dernières et les monter. Fixez le col autour de l'encolure, pliez-le en deux vers l'intérieur et maintenez-le à pts glissés. Au bas des manches et sur l'env. du trav., crochetez 1 tour de m.s. (en crochetant 2 m.s. ds ch. arceau). Faites une même bordure tout autour du gilet (en arrondissant les angles) et en réservant 5 brides dans le haut du devant droit (pour chaque bride, crochetez 6 m.l. et sautez 1 B. de lisière) ; la première étant à la base du col et les suiv. espacées de 3 rangs. Recouvrez 5 boutons boules et cousez-les en regard des brides.

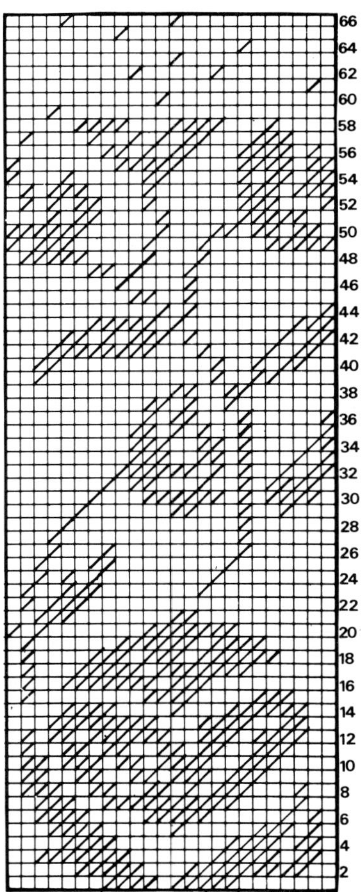

⊠ 1 B. et 2 B. ferm. ens.

□ grille de 1 B. et 1 m.l.

ECHANTILLON

Un carré de 10 cm de côté = 24 m. et 11 rangs.
Les explications sont données en 3 tailles : 38-40, 42-44 et 46-48. Dans le cas où il n'y a qu'un chiffre simple, celui-ci est valable pour les 3 tailles.

SOMMAIRE